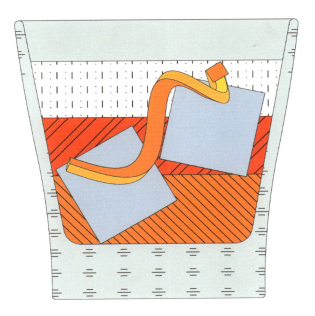

GRAN MANUAL DE COCTELERÍA

La edición original de esta obra ha sido publicada
en Reino Unido en 2022 por Hardie Grant Books,
sello editorial de Hardie Grant Publishing, con el título

The Ultimate Book of Cocktails

Traducción del inglés: Gemma Fors

Copyright@ de la edición española, Cinco Tintas, S.L, 2022
Copyright@ del texto, Dan Jones, 2022
Copyright@ de las ilustraciones, Daniel Servansky, 2022
Copyright@ de la edición original, Hardie Grant, 2022

Diagonal, 402 – 08037 Barcelona
www.cincotintas.com

Todos los derechos reservados. Bajo las sanciones establecidas por las
leyes, queda rigurosamente prohibida, sin la autorización por escrito
de los titulares del copyright, la reproducción total o parcial de esta
obra, por cualquier medio o procedimiento mecánico o electrónico,
actual o futuro, incluidas las fotocopias y la difusión a través de internet.
Queda asimismo prohibido el desarrollo de obras derivadas por alteración,
transformación y/o desarrollo de la presente obra.

Primera edición: noviembre de 2022

Impreso en China
Depósito legal: B 9191-2022
Código Thema: WBXD3
Espirituosos, licores y cócteles

ISBN 978-84-19043-07-8

GRAN MANUAL DE COCTELERÍA

Más de 100 combinados icónicos
para mezclar, agitar y remover

Dan Jones

Ilustraciones de Daniel Servansky

CONTENIDOS

BIENVENIDO AL *GRAN MANUAL DE COCTELERÍA*	006
LOS MEJORES LICORES DEL MUNDO	010
UTENSILIOS BÁSICOS	016
COPAS Y VASOS	020
TRUCOS DE EXPERTO	024
SIROPES, SOURS Y MÁS	028
RECETAS	032

LOS CLÁSICOS	034
REINVENCIONES	074
CÍTRICOS Y SOURS	098
LOS CLÁSICOS MODERNOS	122
FIESTA EN CASA	146
FRESCOS, LARGOS Y CON PEPINOS	166
TROPICALES Y EXÓTICOS	184
DE TEMPORADA	198
DE LA CENA A LA MADRUGADA	222
PONCHES CALIENTES Y BEBIDAS CÁLIDAS	240

ÍNDICE ALFABÉTICO	252
ACERCA DE DAN JONES	256

BIENVENIDO AL GRAN MANUAL DE COCTELERÍA

«TODOS ESTAMOS EN LA CLOACA, PERO ALGUNOS MIRAMOS HACIA LAS ESTRELLAS.»

Oscar Wilde, *El abanico de Lady Windermere*, Acto Tercero

¿Hay algo que describa mejor la dulce embriaguez que se alcanza con bebida de calidad que esta cita de Oscar Wilde? El cosquilleo de las burbujas, la acidez cítrica, el aroma de los ingredientes naturales y el íntimo masaje de un licor potente bien refinado que provoca balanceos: los cócteles reaniman, machacan y favorecen el envío de selfis inapropiados a todos los contactos.

Quizás Wilde no se refiriera a la bebida con sus palabras (aunque al parecer sí le gustaba la absenta), pero su conocimiento del alcohol y sus efectos sobrenaturales es innegable. ¡Y menuda historia tiene cada licor! La ginebra, por ejemplo: desde su nacimiento en las callejuelas londinenses hasta su actual

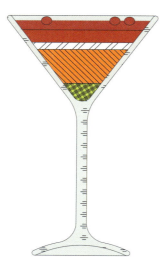

reparar corazones rotos de inmenso poder. Europa del Este era esclava de este potente licor transparente (del mismo modo que Inglaterra vivía su historia de amor con la ginebra) y casi arruinó a Rusia con las deudas de bar y terribles resacas de sus obreros.

El tequila, transparente y fuerte, sabe a cielos de Guadalajara, calor desértico y hojas azuladas, destilados

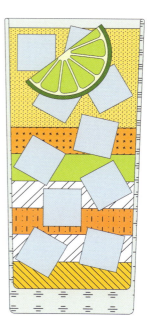

encarnación como licor artesanal en expansión, su escabroso pasado y prometedor futuro son tan sabrosos como un gin-tonic recién hecho. O el ron. La bebida que alimentara a viejos lobos de mar mientras surcaban los océanos en busca de nuevos mundos, o a cazadores de míticos tesoros; que desencadenara rebeliones y alargara infinitas despedidas de soltera (¿cómo se llamaba el *stripper*?).

¿Qué decir del vodka? En épocas pretéritas, era un curalotodo, una poción mágica para bajar fiebres, limpiar heridas, calentar el cuerpo y

mediante una antigua receta. Las raíces de nuestro alcohol preferido, causante de resacas, se remonta a los aztecas, casi 2 000 años atrás.

Y el whisky, licor ámbar envejecido en barricas de madera. Amado –y elaborado– en todo el mundo, de sabor punzante como el de centeno, o dulce y suave, como el bourbon.

Este es el *Gran manual de coctelería*: una guía completa de recetas de cócteles clásicos, exóticos y populares; combinados contemporáneos, viejos tragos renovados y un Bloody Mary perfecto. Y además, siropes y sours caseros, las mejores bebidas retro y nuevas y apetecibles aplicaciones del pepino.

Un cóctel bien preparado –con un alegre toque cítrico o en copa

escarchada– servido a tiempo, en el vaso adecuado, sin duda va a romper el hielo. Puede subrayar el ambiente, y suavizar la atmósfera o animarla.

Es todo un arte; aprende a mezclar, agitar y beber, y lógralo con este único libro. Ahora, vayámonos de copas.

Dan Jones

LOS MEJORES LICORES DEL MUNDO

Comprobados: desde primeras marcas para los mejores cócteles hasta licores de finca, o destilados de sabores atrevidos, llegados de todos los rincones del planeta.

PARA VIAJEROS
EN EL TIEMPO

DARK MATTER SPICED RUM

Brindemos por Escocia, donde la misteriosa (si bien galardonada) destilería Dark Matter urde su magia en forma líquida. La marca describe su ron mezclado como «el equivalente en sabor a entrar a toda velocidad en un agujero negro líquido…», con el cuerpo que aportan el jengibre fresco, la pimienta verde y la pimienta de Jamaica.

PARA LOS MÁS
CARISMÁTICOS

HAVANA CLUB 7

Suave y cremoso, Havana Club es la marca de ron por excelencia (fundada en 1934) y debería ser el primer puerto donde atraques al iniciarte en este mágico licor.

PARA AMANTES
DEL BOURBON

EAST LONDON LIQUOR RON DE DEMERARA

Esta destilería artesanal, ubicada en una antigua fábrica de pegamento del este de Londres, utiliza ron de azúcar demerara de la Guyana seleccionado, destilado en el único alambique de madera del mundo y luego añejado en barricas de bourbon durante tres años.

PARA AFICIONADOS AL CUERO

VODKA TOM OF FINLAND

Un vodka refinado de trigo y centeno ecológicos mezclados con agua de mantantial ártico que celebra la vida y el arte de Touko Laaksonen, conocido como Tom de Finlandia. Es tan sedoso como un suspensorio de piel, y sabe de primera.

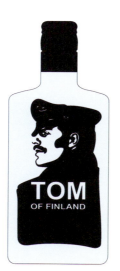

PARA ASPIRANTES A LA REALEZA

ZUBROWKA

Zubrowka es el rey de los vodkas polacos, está aromatizado con una clase especial de hierba del bisonte que crece silvestre en los bosques de Bialowieza y se cosecha a mano.

PARA AMANTES DE LAS OVEJAS

HARTSHORN DISTILLERY SHEEP WHEY

El vodka del joven demonio de Tasmania Ryan Hartshorn Sheep Whey utiliza un subproducto de la empresa quesera familiar, el suero de leche, para dar paso a un vodka acaramelado y afrutado, coronado en los Premios Mundiales del Vodka 2018.

PARA AMANTES DEL KOALA

FOUR PILLARS

Llegamos al pintoresco valle de Yarra de la región de Victoria (Australia), donde la pequeña destilería Four Pillars crea su excelente ginebra añejada en barrica que utiliza agua del valle triplemente filtrada y una curiosa mezcla de ingredientes botánicos –locales, exóticos y tradicionales.

PARA LOS MENOS CONVENCIONALES

CONKER SPIRIT DORSET DRY

¿Te va lo suave? A Rupert Holloway, sí. Este productor de ginebra de Dorset ha creado la que podría ser la ginebra británica más excéntrica y sutil, la Dorset Dry.

PARA AMANTES DEL COLORETE

ARCHIE ROSE GIN

La principal ginebra seca de la destilería de Sídney Archie Rose lleva ingredientes botánicos australianos, como la lima sanguina, el mirto limón y la menta de río. Deliciosa.

PARA FAMOSOS
TEQUILA AÑEJO CASAMIGOS

Con el galán madurito George Clooney como cofundador, Casamigos posee cierta ventaja, pero está a la altura: ofrece la sofisticación de un suave aroma a vainilla y un final de menta fresca.

PARA LOS ENTERADOS
TEQUILA BLANCO TAPATÍO

El tequila Tapatío hace caer la baba a los expertos; es la marca de culto de sabor suave y de calidad, a precio de la vieja escuela. Es un buen tequila para que se inicie el principiante.

PARA LOS TRADICIONALES
MEZCAL QUIQUIRIQUI

Producido artesanalmente en México, Quiquiriqui ofrece una reducida variedad de mezcales elaborados con productos de finca única sin trampas industriales en favor de técnicas tradicionales de cultivo, cosecha, cocción y molienda.

PARA ESPÍRITUS AHUMADOS

BOURBON BUFFALO TRACE KENTUCKY

Un galardonado bourbon, de una destilería con más de 220 años de historia, suave y con aromas de vainilla, menta y melazas. Perfecto para iniciarse con el bourbon.

PARA AMANTES DEL BÚFALO

LAPHROAIG

Escocés de turba, de la región de Islay, un licor sólido, de 10 años, con sabores de algas, vainilla y humo. Ideal para comenzar con los licores ahumados.

PARA LOS DE ALTA SOCIEDAD

HUDSON MANHATTAN RYE

Elaborado con centeno integral, es un whisky clásico, especiado y rústico de sorprendente suavidad. Una copa con tonos herbáceos.

UTENSILIOS BÁSICOS

Equipa el mueble bar con los útiles imprescindibles
para preparar las mejores margaritas, cócteles
y ponches del mundo.

UTENSILIOS IMPRESIONANTES

Invierte en tu barra particular con una gama de utensilios de coctelería impresionante. Empieza con lo básico: una coctelera, un medidor, un colador y una cubitera. Te bastará esto para un enfoque minimalista:

MEDIDOR

Proporciona la medida estándar para los licores y está disponible en diversos tamaños. Los metálicos son vistosos, pero los de plástico o vidrio sirven igual. Si no dispones de medidor ni de vasos de chupito, utiliza una huevera; así las proporciones serán adecuadas, aunque las dosis resulten algo generosas. Si no, cruza los dedos y hazlo a ojo.

PLATITO

Algunos bármanes utilizan un ribeteador de copas para decorar con sal o azúcar el borde de la copa, pero si a te parece, como a mí, que suena raro, entonces usa un simple platito con un diámetro algo mayor que el de la boca de la copa.

VASO MEZCLADOR

Se trata de un sencillo vaso, resistente, recto (también conocido como vaso Boston), o un vaso de cerveza liso y de boca más ancha, para cócteles que deben mezclarse con cuchara en lugar de agitarlos en la coctelera. El vaso mezclador proporciona más volumen cuando se adapta al vaso de la coctelera para poder preparar dos bebidas a la vez. Las dos partes quedan unidas y se agita hasta que se enfría la bebida. Luego se puede utilizar el colador de gusanillo para pasar la mezcla a una copa limpia.

COCTELERA

También denominada coctelera Boston, es la varita mágica del barman, la pieza más importante: pocos cócteles son posibles sin ella. El modelo metálico clásico consta de tres partes: una base, denominada vaso (recipiente alto, de base más estrecha), y una tapa bien ajustada en forma de embudo con colador incorporado donde se encaja un pequeño tapón (que también hace las veces de medidor). Es un accesorio brillantemente simple y muy útil, como las mejores herramientas, y vale la pena mantenerla siempre limpia. Si no dispones de coctelera, utiliza un tarro grande de cristal con tapa hermética.

COLADOR DE GUSANILLO

Este colador de aspecto exótico, rodeado con un muelle, resulta útil cuando la versión que incorpora la coctelera no es la adecuada. Se coloca sobre una copa y sobre él se echa el cóctel, o se cubre con él el vaso de la coctelera o el medidor para verter su contenido desde cierta altura. Lávalo inmediatamente después de su uso. Si no dispones de uno, utiliza un colador para té; sirve igual, aunque el de gusanillo da más el pego.

BATIDORA

Esencial para recetas con fruta. Como la mayoría de batidoras domésticas presentan dificultades con el hielo, es mejor utilizar hielo picado cuando la receta lo requiera, en lugar de cubitos. Añade primero los ingredientes y luego el hielo, y empieza con una velocidad lenta antes de subirla al máximo. No es necesario colar una vez se consigue la consistencia suave: se vierte directamente en la copa y se sirve.

CUCHILLO Y TABLA

Sencillo, pero esencial. Mantén la tabla limpia y el cuchillo bien afilado.

Practica tus habilidades para pelar: el objetivo consiste en esquivar al máximo la piel blanca para utilizar solo la piel más exterior, rica en aceites aromáticos.

CUBITERA

El elemento central del bar doméstico; simple, funcional, tanto si es retro como acrílica. Una cubitera aislante consigue que los cubitos se mantengan enteros más tiempo, y un juego de buenas pinzas aporta elegancia.

UTENSILIOS ADICIONALES

PUNZÓN

Compra bolsas de hielo picado o cubitos (siempre compra el doble o el triple de la cantidad que precises), o golpea una barra de hielo hecha en casa con un punzón. Hierve agua, deja que se temple un poco y viértela en un recipiente vacío de helado. Congélalo, vuelca el contenido sobre un trapo de cocina limpio y ataca el bloque según precises. El hielo saltará por doquier, pero persista. Los trozos grandes con picos te servirán para bebidas espectaculares.

MAJADERO (MUDDLER)

Un bastón corto, normalmente de madera, para majar o machacar fruta, hierbas, hielo y azúcar en la copa moliendo y chafando los ingredientes para que suelten sus sabores y aceites naturales. Es como una mano de mortero. Si no dispones de majadero, utiliza un rodillo sin asas.

PAJITAS, SOMBRILLAS Y OTROS

Un reto. Crear cócteles asombrosos a todas luces significa que por sí mismos ya deben ofrecer aspecto y sabor extraordinarios. Sin sombrillitas, monos de plástico, cubitos iluminados con LED ni pajitas que uno puede ponerse a modo de gafas. Dicho lo cual, resulta agradable añadir algún adorno. Dispón siempre de pajitas en el mueble bar –las de papel de rayas rojas y blancas resultan llamativas– y algún que otro mono de plástico no hace daño a nadie. Guarda las pajitas más descaradas para ocasiones realmente especiales, como una fiesta de 80 cumpleaños o un funeral.

EXPRIMIDOR DE CÍTRICOS

Siempre, siempre, siempre utiliza zumo natural de cítricos. Jamás escatimes en este aspecto de la mixología. Si no dispones de exprimidor, utiliza las manos. Haz rodar la fruta presionándola sobre una superficie dura, pártela por la mitad y exprímela utilizando los dedos para colar las pepitas al hacerlo.

CUCHARA COCTELERA

La clásica es de mango largo y en espiral (o recto), acabado plano en un extremo y con una cuchara en forma de gota de agua en el otro, que se emplea para remover y medir ingredientes. No es imprescindible, pero queda bastante guay.

ACANALADOR

Una herramienta sofisticada. Este cuchillo dispone de una cuchilla especial para cortar espirales de piel de cítricos, vaciar melones y probablemente muchos otros usos artísticos. No es esencial, pero mola tener uno.

PALILLO DE CÓCTEL

Para pinchar cerezas, pieles de cítricos, rodajas de fruta, aceitunas, tajadas de cebolla, pepinillos, salchichas, o incluso limpiarse las uñas.

AGITADOR

Más que un accesorio de coctelería en sí, el agitador permite al bebedor gobernar su bebida y mezclarla al degustarla. Ideal para combinados con fruta u otras guarniciones, o para invitados nerviosos que necesitan algo entre los dedos.

019

COPAS Y VASOS

Se puede servir un cóctel en casi cualquier recipiente:
una taza de café descascarillada, un vasito de papel
de Dora la exploradora, un zapato... pero es mejor
invertir en cristalería adecuada –y mantenerla siempre
limpísima.

POMPADOUR

La copa corta, en forma de seno, perfecta para champán y vinos espumosos, al mismo tiempo que resulta indicada como alternativa a la copa Martini o de cóctel.

COPA MARTINI

La copa más icónica de la cultura del cóctel. Su refinado pie y copa cónica forman un recipiente grande y poco hondo. También llamada copa de cóctel, pierde la habilidad de mantener su contenido a medida que avanza la velada. (**Fig. 1**)

FIG. 2

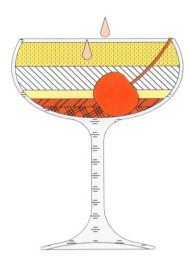

FIG. 1

MARGARITA

No hay otra forma de tomar una Margarita que no sea con la copa oficial; es la prima contrahecha de la copa Martini, con fondo bulboso. (**Fig. 2**)

TAZA DE COBRE (VASO JULEP)

Emblemática taza de cobre o acero que, repleta de hielo, forma una condensación muy refrescante y encaja con la mayoría de cocteleras. Es el resultado de las resacas de la cultura coctelera del siglo XIX en Kentucky.

VASO BOSTON

El hermano gemelo del vaso cervecero, cambiado al nacer. Ideal para mezclar en él combinados o prepararlos uniéndolo al vaso de la coctelera.

VASO DE CHUPITO

Corto y simple. Verter, tomar, golpear la mesa. Fin. Puede usarse como medidor.

VASO LARGO

Ostensiblemente alto, con un fondo grueso y resistente, capaz de contener 225-350 ml de combinado. También conocido como highball. (**Fig. 3**)

VASO CORTO

Vaso corto de lados rectos para bebidas de un solo trago. Es mejor elegir un modelo con base pesada. También conocido como old fashioned. (**Fig. 4**)

COPA DE VINO GRANDE

La que la tía Sharon usa para tomar su chardonnay antes de exigir hablar con el director. (**Fig. 5**)

FIG. 3

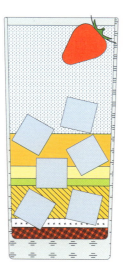

FIG. 4

FIG. 5

VASO TIKI

Este vaso nació en los bares tropicales americanos de mediados del siglo pasado y se atribuye a Don the Beachcomber, padre fundador de la cultura tiki. Es un vaso alto de diseño retorcido que representa una cara semejante a un moái de la isla de Pascua. (**Fig. 6**)

TARRO DE MERMELADA

No hay reglas para servir los combinados ni acerca de los recipientes en los que hacerlo. Puedes recurrir a diversidad de alternativas para sorprender a tus invitados: tarros de mermelada, tacitas de té, probetas o matraces de laboratorio, tazas de té rusas, incluso zapatos. (**Fig. 7**)

VASO COLLINS

Es la versión delgada del vaso largo, normalmente de lados rectos. (**Fig. 8**)

VASO DE PONCHE

Decorado, a veces con asas, y más bien pequeño para que a los invitados no les suba la bebida a la cabeza demasiado pronto.

FIG. 6

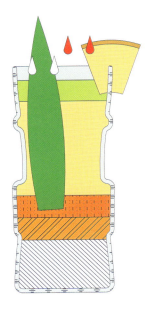

FIG. 7

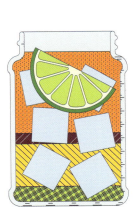

FIG. 8

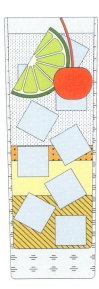

TRUCOS DE EXPERTO

No solo se trata de la calidad de los utensilios, sino también de cómo se usan. Aprende a mezclar, agitar, y remover.

CÓMO SE HACE

CÓMO AGITAR
Es el eterno debate en el mundo de la coctelería. ¿Cuánto tiempo hay que agitar el combinado para que salga perfecto? No existe acuerdo. Hay quien dice que 15 segundos, otros afirman que menos. Aquí nos la jugamos y apostamos por 7 segundos cortos y vigorosos. Más tiempo podría diluir demasiado la mezcla y afectar su potencia. Aparte de esto, nada de voltear botellas ni encender bengalas, aunque unos malabares con limones y limas no estarán de más.

CÓMO MEZCLAR
Saca la cuchara y el vaso mezclador y remueve las bebidas con suavidad y destreza junto con hielo para enfriar el combinado. Cuando se forme condensación en el exterior del vaso, estará listo.

CÓMO REFRIGERAR
Si dispones de espacio, reserva un cajón en el congelador para guardar las copas, o llénalas de cubitos para que se enfríen y deséchalos después.

POTENCIA
Todos los cócteles son potentes, pero algunos más que otros. Cada bebida debe procurar alcanzar un equilibrio de sabores y puede proponerse

diversos niveles de intensidad, pero no debería emborrachar (al menos no por sí sola). Respetar las medidas es muy importante.

PRESENTACIÓN
Las guarniciones frescas, las copas limpísimas, los cubitos de agua mineral y un equilibrio perfecto de colores y texturas son esenciales.

AROMAS
La bebida debe oler genial, no solo saber bien. Esto se consigue con bíteres, zumos naturales y pieles de cítricos ricas en aceites fragantes.

CREAR EL FONDO DE BAR

Crea un fondo de bar con licores fuertes, limpios y clásicos, y añade tus propias infusiones y rarezas personales. Reserva los mejores espirituosos para tragos simples y para degustar (la calidad se empaña al mezclarla con ingredientes complejos o afrutados), y ten a mano bebidas de gama media. Empieza con alguna ginebra artesanal, ron claro y oscuro, whisky o bourbon –según tus preferencias–, un buen vodka y un delicioso tequila, además de vermut blanco y negro, y un amaro o licor de aperitivo. Usa tus bíteres favoritos, un espumante vegano como Ms Better's Miraculous Foamer Bitters, y listo.

SIROPE

Ingrediente esencial en coctelería. El sirope sencillo, básico o de azúcar, es azúcar líquido mezclado a partes iguales con zumo de cítricos, y aporta una agradable nota agridulce al combinado. Adquiere una versión de sirope sencillo (Monin es buena marca) o elabóralo tú mismo (página 29).

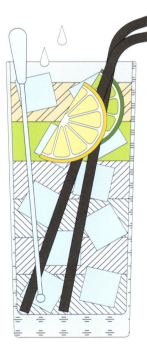

BÍTERES

El amargo de Angostura (venezolano a través de Trinidad y Tobago) es un elemento esencial del bar. Se dice que quita el hipo, y esta tintura, en parte herbal y en parte alcohólica, es muy aromática y confiere a los cócteles profundidad y complejidad de sabor, y colorea de un sutil tono rosado los licores blancos. La marca de jarabes y bíteres Fee Brothers (fundada en 1863) es un buen comienzo: sus bíteres envejecidos en barricas de whisky, de ruibarbo y ciruela en especial, son deliciosos.

SIROPES, SOURS Y MÁS

Crea tus bebidas aromatizadas, siropes para cócteles, siropes de sabores y mezclas para sours.

Sirope básico

INGREDIENTES
200 ml de agua
100 g de azúcar demerara (turbinado), de caña o granulado (crudo)
1 cucharada de jarabe de maíz o jarabe de azúcar invertido (opcional)

UTENSILIOS
Cazo antiadherente, cuchara de madera y embudo

RECIPIENTE
Tarro de cristal con cierre hermético de 200 ml, o botella de cristal con tapón

ELABORACIÓN
Hierve el agua y añade poco a poco el azúcar. Reduce el fuego y remueve sin parar durante 3-5 minutos, hasta que el azúcar quede disuelto y el sirope se aclare. Apaga el fuego y deja enfriar. Mientras esté aún líquido, pásalo con el embudo al tarro o la botella de cristal esterilizados. Una cucharada de jarabe de maíz cuando se haya enfriado favorece la textura suave del sirope. Se conserva en la nevera hasta 6 semanas.

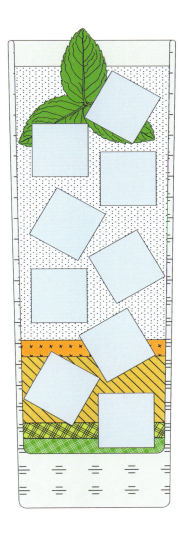

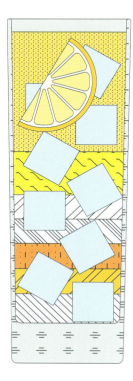

Tequila al café

Perfecto para los muy cafeteros que también disfrutan de la bebida: una infusión potenciada con vainilla fácil de hacer y más fácil aún de tomar. Échale un chorrito a tu taza de café para llevar.

INGREDIENTES
1 vaina de vainilla abierta
600 ml de tequila blanco
100 g de café recién molido
100 ml de sirope básico con azúcar
 (página 31)

ELABORACIÓN
Añade la vaina de vainilla al tequila y deja reposar 24-72 horas (pruébalo cada día: se busca un suave aroma avainillado; si se deja demasiado

Mezcla agridulce

Su nombre define el equilibrio perfecto entre el sirope de azúcar y el zumo de cítricos. Se puede preparar con antelación (sirope básico y zumo de cítricos a partes iguales) o prepararlo en pequeñas cantidades para cada bebida.

tiempo, sabrá demasiado floral). Cuando la infusión esté lista, retira la vaina, luego añade el café molido y agita bien. Guarda la mezcla en el congelador durante al menos 72 horas. Cuela con un filtro de café, luego agrega un poco de sirope, al gusto. Agita bien.

CONSEJO
Ideal para preparar el Martini Espresso o servir directamente del congelador, con hielo.

Siropes de sabores

INGREDIENTES
200 ml (7 oz) de agua
100 g (3 oz) de azúcar demerara, de caña o granulado
1 cucharada de jarabe de azúcar invertido o sirope de maíz (opcional)

Elige tus sabores preferidos: un trozo de jengibre pelado y chafado; ruibarbo con anís estrellado; vainilla; albahaca.

UTENSILIOS
Cazo antiadherente, cuchara de madera, embudo

SERVIR EN:
tarro de 200 ml (7 oz) con tapa hermética o botella con tapón

ELABORACIÓN
Hierve el agua en el cazo y añade el azúcar y el ingrediente elegido. Baja el fuego y remueve constantemente con la cuchara de madera durante 3-5 minutos hasta que el azúcar se disuelva. Apaga el fuego y deja templar. Pasa por un colador de malla fina o tela de muselina a un tarro, o bien a una botella con la ayuda de un embudo. El jarabe de azúcar invertido favorece la suavidad de la mezcla. Se conserva en el frigorífico hasta 6 semanas.

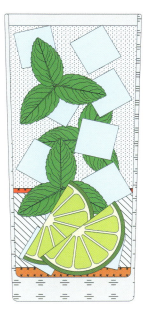

031

RECETAS

Aprende a preparar clásicos de club privado junto con sus versiones modernas, bebidas cítricas, maravillas de temporada y más; aparte de otros regalos para el paladar apreciados en todo el mundo. Cada receta sirve para un cóctel individual, a menos que se indique otra cosa. Chinchín.

Los clásicos

Preparados de siempre, presentes en toda carta
de cócteles, como debe ser. Estas recetas equilibradas,
cada una con su propia historia, dan en el clavo
con clase.

LOS CLÁSICOS

MARTINI DE VODKA

Este cóctel esencial, el Martini de Vodka, consta únicamente de dos ingredientes: vodka y vermut; el aroma lo aporta una rodaja de limón. Puedes removerlo en el mismo vaso, pero la coctelera rebaja la temperatura, amortigua la intensidad y de paso confiere una textura más sedosa. Si alguien te dice que el Martini no puede servirse sin ginebra, echa a esa persona de su vida.

INGREDIENTES

1	vodka de calidad	60 ml (2 oz)
2	vermut seco	15 ml (½ oz)
3	espiral de limón	para decorar

UTENSILIOS

Coctelera, colador

ELABORACIÓN

Agita los ingredientes líquidos con hielo hasta que queden casi diluidos (unos 20-30 segundos), y luego cuela la mezcla en una copa. Decora con una espiral de piel de limón.

SIRVE EN: COPA MARTINI O POMPADOUR

CONSEJO
El Martini tendrá la calidad del vodka que utilices: elige uno superior.

LOS CLÁSICOS

NEGRONI

Una versión más dura e intensa del Americano, creada en Florencia, donde un héroe del mundo del cóctel dio con la idea de cambiar la soda por ginebra. ¡Un tipo genial!

INGREDIENTES

1	ginebra	30 ml (1 oz)
2	vermut dulce	30 ml (1 oz)
3	Campari	60 ml (2 oz)
4	tira de piel de naranja	para decorar

UTENSILIOS
Vaso mezclador, colador

ELABORACIÓN
Mezcla la ginebra, el vermut y el Campari en el vaso mezclador con hielo. Cuela el contenido en un vaso corto sobre un buen trozo de hielo. Decora con la piel de naranja.

SIRVE EN: VASO CORTO

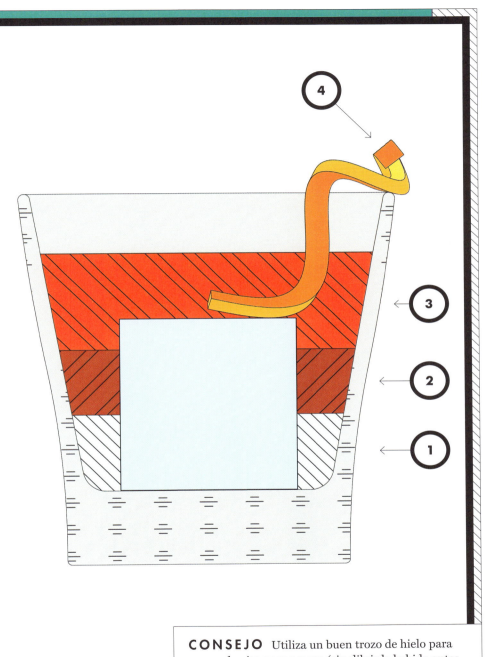

CONSEJO Utiliza un buen trozo de hielo para que se derrita poco a poco (sin diluir la bebida antes de acabártela).

LOS CLÁSICOS

MOJITO

Este legendario cóctel cubano a cinco bandas –ron blanco, azúcar, menta, lima y soda– es el producto de exportación con más magia de la isla. Clásico en vaso largo, el atractivo atemporal del Mojito radica en su simplicidad: aunque los más devotos discreparían, cuesta no hacerlo bien.

INGREDIENTES

1	cuñas de lima	2
2	azúcar (crudo) demerara	2 cucharaditas
3	hojas de menta fresca	12
4	ron blanco	60 ml (2 oz)
5	soda fría	para llenar
6	ramita de menta	para decorar

UTENSILIOS

Majadero, cuchara coctelera

ELABORACIÓN

Maja las cuñas de lima con el azúcar en el vaso largo, presionando bien si deseas mucho sabor cítrico, y menos, si lo prefieres más sutil. Añade las hojas de menta y maja suavemente. Llena el vaso hasta tres cuartos de capacidad con hielo picado, agrega el ron y remueve. Para terminar, añade más hielo picado, llena hasta arriba con soda y decora con una ramita de menta.

SIRVE EN: VASO LARGO

CONSEJO
Hay quien opina que la limonada es una buena alternativa a la soda: ni se te ocurra.

LOS CLÁSICOS

COSMOPOLITAN

El sabor de los 90. Este cóctel rosado e intenso con una base de vodka era el rey de las coctelerías neoyorquinas, londinenses y muchas más. De hecho, consiguió emborrachar a bebedoras noctámbulas de todo tipo. Tal vez el Cosmo haya pasado un poco de moda, pero sigue siendo todo un clásico, y una verdadera delicia.

INGREDIENTES

1	vodka de mandarina o de calidad	50 ml (1 ¾ oz)
2	licor triple seco	25 ml (¾ oz)
3	zumo de arándanos rojos	25 ml (¾ oz)
4	tira de piel de naranja	para decorar

UTENSILIOS

Coctelera, colador

ELABORACIÓN

Agita los ingredientes con el hielo y cuélalos en la copa refrigerada. Decora con la piel de naranja y sirve.

SIRVE EN: COPA POMPADOUR O MARTINI

LOS CLÁSICOS

EL BLOODY MARY DEFINITIVO

Existen infinitas versiones de esta famosa bebida, pero esta receta con ajo, pepino y rábano picante te los meterá a todos en el bolsillo. Da para 4 personas.

INGREDIENTES (PARA 4 PERSONAS)

1	zumo de tomate	1 litro (34 oz/4 tazas)
2	vodka	230 ml (8 oz/1 taza)
3	jugo de pepinillos	80 ml (3 oz/⅓ de taza)
4	Salsa Worcestershire	2 cucharaditas
5	crema de rábano picante	1 cucharadita
6	ajo picado	1 diente
7	pepino, pelado y sin semillas	1 mediano
8	Tabasco	unas gotas
9	pimienta negra recién molida	1 cucharadita
10	sal marina	una buena pizca
11	pimentón ahumado	1 cucharadita
12	pepinillos grandes, en bastones	para decorar
13	rodajas de limón	para decorar

UTENSILIOS

Batidora

ELABORACIÓN

Tritura los ingredientes (excepto los pepinillos y el limón) y viértelos en los vasos, llenos de hielo hasta la mitad. Decora con los bastoncitos de pepinillo y el limón.

SIRVE EN: VASO BOSTON O LARGO

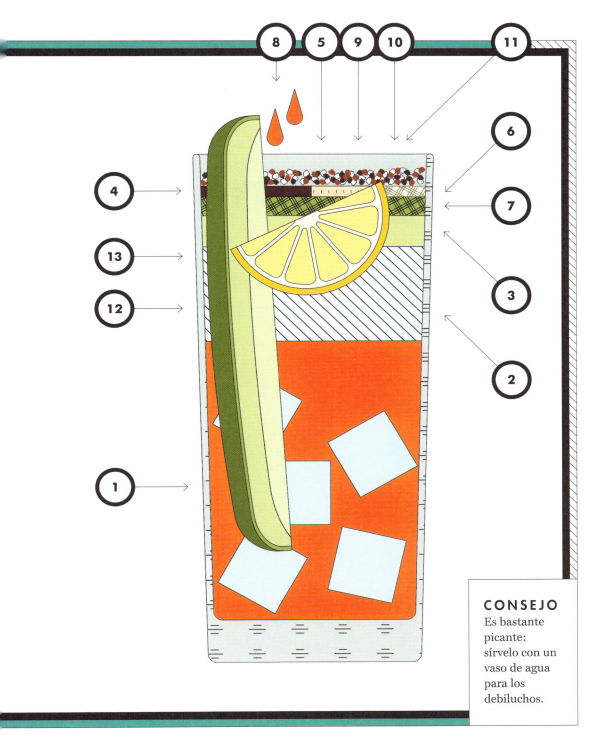

CONSEJO
Es bastante picante: sírvelo con un vaso de agua para los debiluchos.

LOS CLÁSICOS

MOSCOW MULE

Este clásico, muy popular en el Nueva York de los años cuarenta (se dice que fue ideado por un avispado camarero para liquidar existencias), sigue siendo una de las mejores opciones para tomar vodka.

INGREDIENTES

1	vodka de primera	60 ml (2 oz)
2	zumo de lima, recién exprimido	½ lima
3	sirope de agave o básico (página 29)	30 ml (1 oz)
4	cerveza de jengibre potente	para llenar

UTENSILIOS

Coctelera, colador

ELABORACIÓN

Agita el vodka, la lima y el sirope con hielo, cuélalo en un vaso julep refrigerado, lleno de hielo, y cúbrelo con cerveza.

SIRVE EN: VASO JULEP

CONSEJO Añade una pajita metálica y 2-3 rodajas de lima, y remueve hasta que el vaso quede escarchado.

LOS CLÁSICOS

DARK & STORMY

Una de las mejores maneras de coger el puntillo con ron añejo es esta icónica y refrescante combinación, bastante sencilla, supuesta bebida nacional de las Bermudas (de hecho, muchos lo juran por el ron bermudeño Gosling's Black Seal). Vierte primero el ron para conseguir una mezcla perfecta, o añádelo al final y déjalo escurrir espectacularmente por el hielo.

INGREDIENTES

1	ron añejo	60 ml (2 oz)
2	zumo de lima, recién exprimido	10 ml (2 cucharadas)
3	cerveza de jengibre	para llenar
4	rodajas de lima	para decorar

UTENSILIOS
Cuchara coctelera

ELABORACIÓN
Llena un vaso largo con hielo, vierte el ron y el zumo de lima, y acaba de llenar con la cerveza de jengibre. Remueve y sirve con rodajas de lima.

SIRVE EN: VASO LARGO

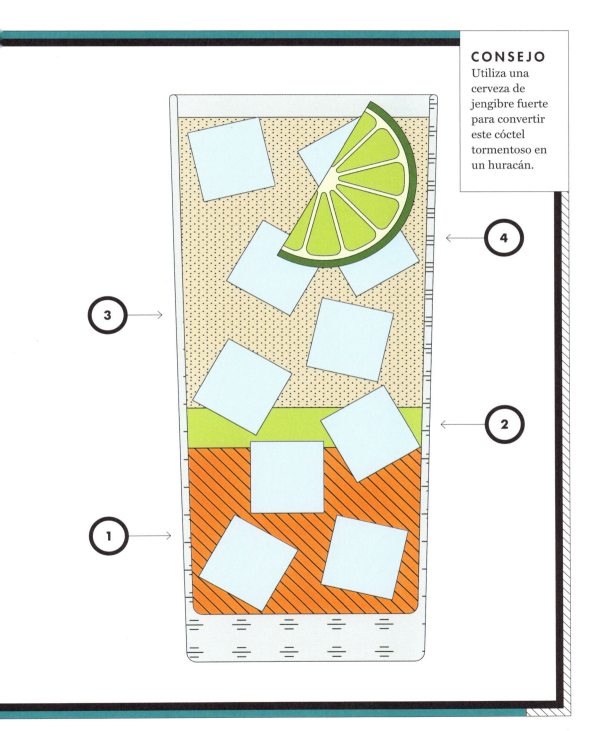

CONSEJO
Utiliza una cerveza de jengibre fuerte para convertir este cóctel tormentoso en un huracán.

LOS CLÁSICOS

MANHATTAN

El club Manhattan de Nueva York ideó su cóctel estrella, en labios de noctámbulos desde finales de la década de 1880, con whisky de centeno americano, vermut italiano y una actitud despreocupada. Este bourbon de color rubí es un punto más suave y dulce. También puede servirse con hielo.

INGREDIENTES

1	bourbon	60 ml (2 oz)
2	vermut negro (dulce)	30 ml (1 oz)
3	amargo de Angostura	2 chorritos
4	bíter de naranja	un chorrito
5	tira de piel de limón	para decorar
6	guinda al marrasquino	para decorar

UTENSILIOS

Cuchara coctelera, vaso mezclador, colador

ELABORACIÓN

Mezcla los ingredientes con hielo en el vaso, cuela en la copa refrigerada y sirve con una tira de piel de limón y una guinda.

SIRVE EN:
COPA POMPADOUR
REFRIGERADA

CONSEJO Potencia la bebida con una guinda emborrachada en brandy.

LOS CLÁSICOS

OLD FASHIONED

La forma más deliciosa de tomar bourbon es esta receta bien calibrada para destacar la belleza y calidad del licor. Se puede preparar también con whisky de centeno, mezcal o ginebra; pero así es ideal. Corta un buen trozo de piel de naranja para que choque con tu nariz al beber y propicie una experiencia sensorial plena.

INGREDIENTES

1	azúcar moreno	1 terrón
2	amargo de Angostura	2 chorritos
3	soda	un chorrito
4	bourbon	60 ml (2 oz)
5	guinda al marrasquino	para decorar
6	tira grande de piel de naranja	para decorar

UTENSILIOS

Majadero

ELABORACIÓN

Añade el terrón de azúcar al vaso, mójalo con el amargo de Angostura y la soda, májalo para disolverlo, añade uno o dos trozos de hielo grandes y vierte el bourbon. Decora con la guinda y retuerce la piel de naranja sobre la bebida para perfumarla con sus aceites cítricos antes de añadirla al líquido.

SIRVE EN:
VASO DE WHISKY

CONSEJO Sustituye el terrón de azúcar por un poco de almíbar del bote de cerezas. Fácil y rápido.

LOS CLÁSICOS

DIRTY MARTINI

Esta es una de las mejores maneras de tomar la ginebra: una bebida perfectamente refrigerada, aromática y con un toque de vermut seco y salmuera. Utiliza aceitunas o alcaparras de calidad y sé generoso con la salmuera. No podrás evitar una hacer mueca al beber. Absolutamente sucio.

INGREDIENTES

1	ginebra	60 ml (2 oz)
2	vermut seco	30 ml (1 oz)
3	salmuera de aceitunas	al gusto
4	aceitunas	para decorar

UTENSILIOS
Coctelera, colador

ELABORACIÓN
Agita la ginebra con el vermut con hielo, cuélalo y viértelo en una copa. Añade la salmuera a cucharadas y échale una o dos aceitunas.

SIRVE EN: COPA MARTINI O POMPADOUR

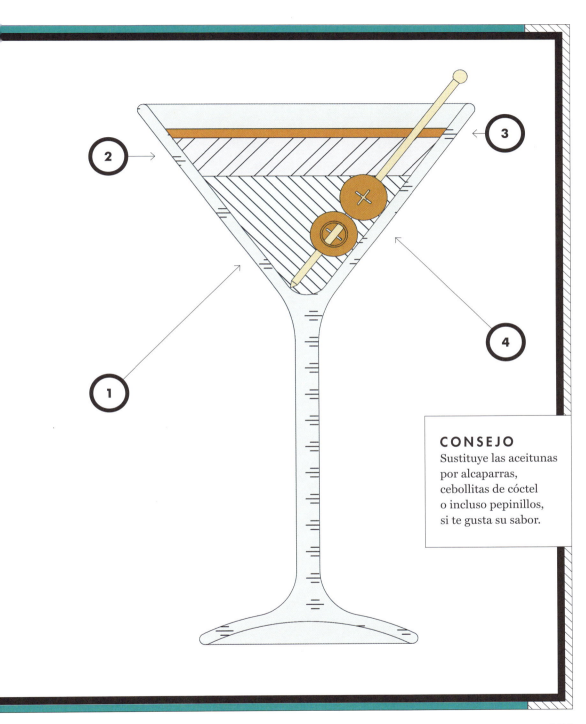

CONSEJO
Sustituye las aceitunas por alcaparras, cebollitas de cóctel o incluso pepinillos, si te gusta su sabor.

LOS CLÁSICOS

TÉ HELADO DE LONG ISLAND

Una taza de té caliente y un poco de vodka parece una combinación… rara. Deshazte del té, cámbialo por un cubo de alcohol y hielo, y se convertirá en una bebida elegante y artística.

INGREDIENTES

1	ron claro	30 ml (1 oz)
2	vodka	30 ml (1 oz)
3	ginebra	30 ml (1 oz)
4	tequila	30 ml (1 oz)
5	zumo de limón, recién exprimido	30 ml (1 oz)
6	licor de naranja	30 ml (1 oz)
7	sirope básico (página 29)	un chorrito
8	rodaja de limón	para decorar
9	rodaja de lima	para decorar

UTENSILIOS

Cuchara coctelera, agitador

ELABORACIÓN

Echa todos los ingredientes en un vaso lleno de cubitos de hielo, remueve y añade las rodajas de cítricos. Sirve con un agitador y un par de pajitas.

SIRVE EN: VASO LARGO

CONSEJO
Si resulta demasiado fuerte, añade un poco de sirope básico.

LOS CLÁSICOS

PALOMA

Una forma fresca y vibrante de tomar tequila, casi como si no se tratara de un licor. Este cóctel largo, con soda fría, se combina sobre una base de reposado, animada con pomelo rojo y zumo de lima. Es refrescante al cien por cien: no es de extrañar que sea el cóctel de tequila preferido en México.

INGREDIENTES

1	tequila reposado	60 ml (2 oz)
2	zumo de pomelo rojo, recién exprimido	½ pomelo
3	zumo de lima, recién exprimido	15 ml (½ oz)
4	sirope de agave (o sirope básico, página 29)	15 ml (½ oz)
5	soda	para llenar
6	rodaja de lima	para decorar

UTENSILIOS

Coctelera y colador

ELABORACIÓN

Pon el tequila, los zumos y el sirope en una coctelera con hielo. Agita vigorosamente y cuélalo en un vaso lleno de hielo. Acaba de llenar el vaso con soda y decora con una rodaja de lima.

SIRVE EN: VASO CORTO O TARRO DE MERMELADA

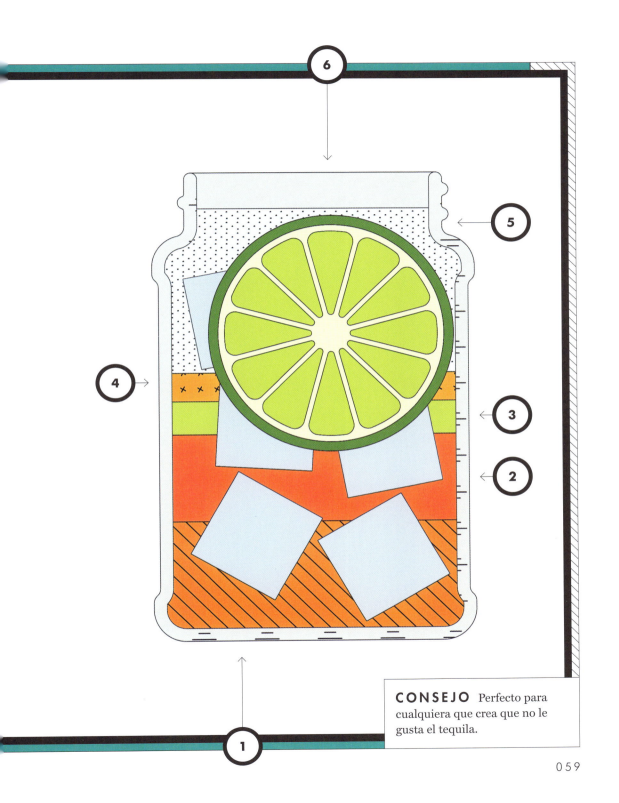

CONSEJO Perfecto para cualquiera que crea que no le gusta el tequila.

LOS CLÁSICOS

RATTLESNAKE

Se dice que este clásico casi olvidado es capaz de curar la mordedura de una serpiente de cascabel –o incluso matarla–. La primera carta en ofrecerlo fue la del hotel Savoy, en Londres, en 1930. Es una bebida ácida, potente y cremosa con aroma anisado. Seguramente no cura nada, pero te pondrá tan contento que no te importará.

INGREDIENTES

1	bourbon	45 ml (1 ½ oz)
2	clara de huevo	1
3	zumo de limón, recién exprimido	un chorrito
4	zumo de lima, recién exprimido	un chorrito
5	sirope básico (página 29)	10 ml (⅓ oz)
6	Pernod	para enjuagar

UTENSILIOS

Coctelera, colador de malla fina

ELABORACIÓN

Agita los líquidos (excepto el Pernod) hasta que formen espuma. Luego, añade hielo y agita vigorosamente durante 20 segundos. Enjuaga una copa refrigerada con un poco de Pernod y deséchalo. Cuela la mezcla por un colador de malla fina y sirve.

SIRVE EN:
COPA POMPADOUR
REFRIGERADA

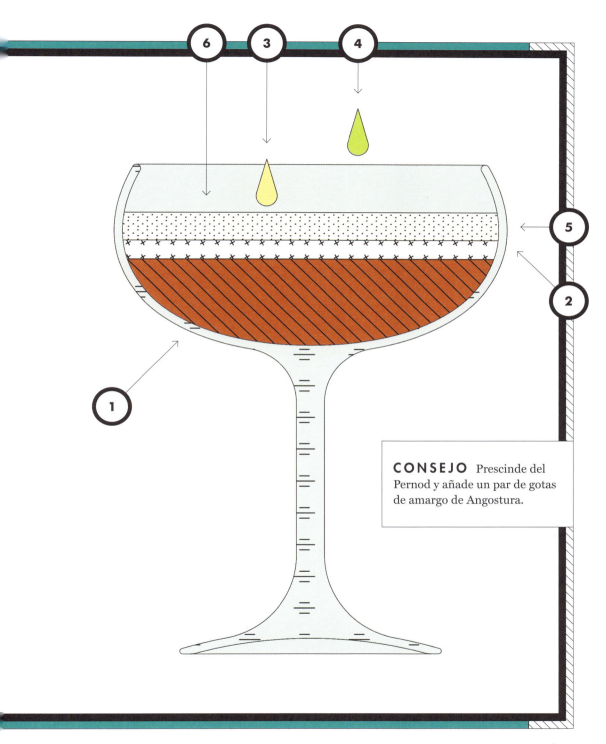

LOS CLÁSICOS

GIBSON

Esta bebida asegura pelo en el pecho y cebolla en el aliento. Considérala un Martini clásico potenciado con cebollitas de aperitivo; si te atreves, pruébalo con un poco de salmuera. Al tratarse de una receta simple, conviene usar una ginebra de calidad.

INGREDIENTES

1	ginebra	60 ml (2 oz)
2	vermut seco	15 ml (½ oz)
3	cebollitas de aperitivo	2-3, para decorar

UTENSILIOS

Coctelera

ELABORACIÓN

Agita la ginebra y el vermut con hielo, viértelo en una copa refrigerada y añade 2 o 3 cebollitas.

SIRVE EN: COPA MARTINI O POMPADOUR

CONSEJO
Refrigera la copa para servir el Gibson bien frío.

LOS CLÁSICOS

VODKA COLLINS

Este cóctel clásico saca a relucir lo mejor del vodka. Utiliza un licor de primera, zumo de un limón superfresco y, como esta receta tira a dulce, reduce la cantidad de sirope como desees.

INGREDIENTES

1	vodka de calidad	60 ml (2 oz)
2	zumo de limón, recién exprimido	30 ml (1 oz)
3	sirope de agave o básico (página 29)	30 ml (1 oz)
4	soda fría	para llenar
5	amargo de Angostura	2 gotas

UTENSILIOS

Coctelera y colador

ELABORACIÓN

Agita en la coctelera con hielo el vodka, el zumo de limón y el sirope. Cuélalo en la copa y rellena con soda fría. Añade un par de gotas de amargo de Angostura.

SIRVE EN: COPA POMPADOUR O FLAUTA

CONSEJO Para animarlo un poquito, utiliza sirope de jengibre en lugar de agave o básico.

LOS CLÁSICOS

SEA BREEZE

Remontándonos a los años veinte, el Sea Breeze ha pasado de ser un simple cóctel de ginebra y granadina a este jugoso y amable clásico que conserva toda la potencia del vodka.

INGREDIENTES

1	vodka de primera	60 ml (2 oz)
2	zumo de pomelo, recién exprimido	150 ml (5 oz)
3	zumo de arándanos rojos	100 ml (3 ½ oz)
4	zumo de lima, recién exprimido	½ lima
5	rodaja de lima	para decorar
6	bíter de cítrico	2 gotas

ELABORACIÓN

En un vaso lleno de hielo vierte los ingredientes según el orden indicado (con cuidado, para lograr un efecto degradado). Decora con la lima y remata con unas gotas de bíter.

SIRVE EN:
VASO BOSTON
O LARGO

CONSEJO
Sírvelo con una pajita metálica para remover.

LOS CLÁSICOS

SAZERAC

Este pesado cóctel de Nueva Orleans es una versión del Old Fashioned pero con bíter Peychaud anisado de la marca Sazerac, coñac y un poco de absenta para conjurar a los espíritus. Combinado fuerte, herbal y complejo del siglo XIX, para madrugadas de sortilegios y hechizos. Cargadísimo.

INGREDIENTES

1	azúcar moreno	1 terrón
2	bíter Peychaud	2 chorritos
3	amargo de Angostura	1 chorrito
4	bourbon o whisky de centeno	30 ml (1 oz)
5	coñac	30 ml (1 oz)
6	absenta	para enjuagar el vaso
7	tira de piel de limón	para decorar

UTENSILIOS

Majadero, vaso mezclador, colador

ELABORACIÓN

Chafa el azúcar, los bíteres y un dedal de agua en el vaso. Añade el bourbon, el coñac y hielo, y remueve hasta que se condense agua en el exterior. Enjuaga un vaso refrigerado con absenta y desecha el exceso. Añade uno o dos trozos de hielo y cuela la bebida en el vaso. Decora con la tira de piel de limón.

SIRVE EN: VASO DE BASE PESADA

CONSEJO ¿No hay Peychaud? Usa bíter de base especiada, como el de cardamomo o anís.

LOS CLÁSICOS

SEX ON THE BEACH

¿Por qué no? Aunque este clásico de la coctelería tiene un nombre bastante bochornoso, es una delicia suprema. Úntate con protección solar y disfruta del sexo en la playa, pero que no se te meta arena por ningún sitio.

INGREDIENTES

1	vodka	45 ml (1 ½ oz)
2	licor de melocotón	15 ml (½ oz)
3	zumo de naranja colado	60 ml (2 oz)
4	zumo de arándanos rojos	60 ml (2 oz)
5	rodaja de lima	para decorar
6	guinda al marrasquino	para decorar

ELABORACIÓN

Llena un vaso largo con cubitos de hielo, vierte los ingredientes líquidos en el orden indicado (con cuidado, para crear un efecto degradado) y decora con una rodaja de lima y una guinda al marrasquino dándole un toque retro.

SIRVE EN:
VASO LARGO

070

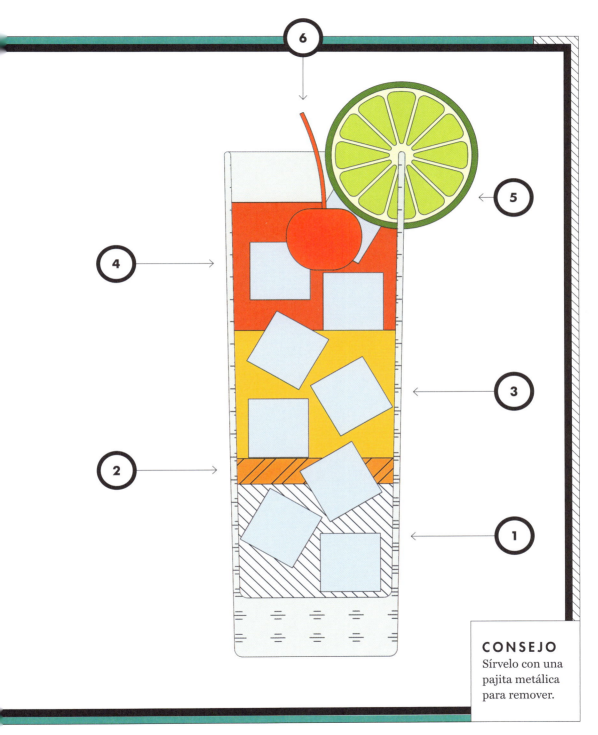

CONSEJO
Sírvelo con una pajita metálica para remover.

LOS CLÁSICOS

TEQUILA SUNRISE

Un sorbo de Tequila Sunrise, con su coloración degradada desde el naranja hasta el rojo, es como un viaje en el tiempo de regreso a los años ochenta. Tómalo con el cabello cardado, sombra de ojos brillante y la banda sonora de la película *Cocktail* en modo repetición.

INGREDIENTES

1	{	tequila oro	45 ml (1 ½ oz)
2	{	zumo de naranja recién exprimido	90 ml (3 oz)
3	{	granadina	unas gotas
4	{	rodaja de naranja	para decorar
5	{	guinda al marrasquino ensartada	para decorar

UTENSILIOS

Cuchara coctelera

ELABORACIÓN

Llena un vaso con hielo, vierte el tequila y el zumo de naranja y remueve suavemente. Poco a poco añade la granadina de modo que se hunda en la bebida. Decora con una rodaja de naranja y una guinda en un palillo.

SIRVE EN:
VASO COLLINS

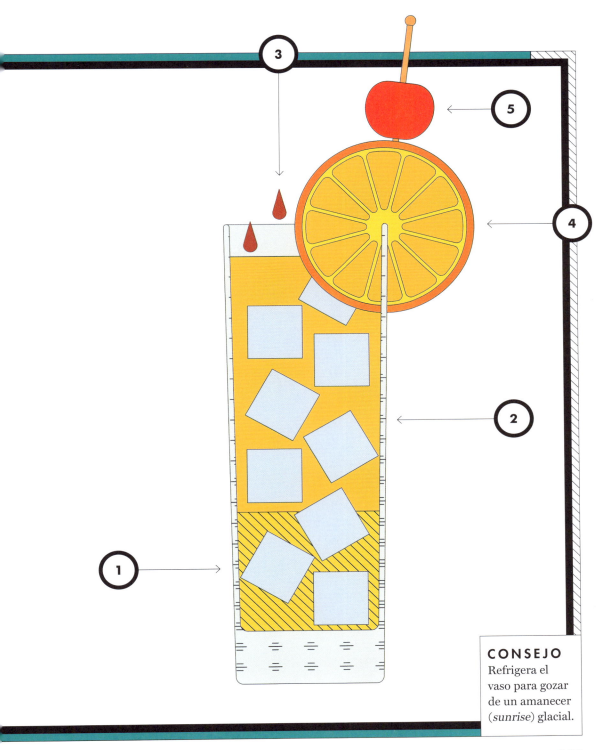

CONSEJO
Refrigera el vaso para gozar de un amanecer (*sunrise*) glacial.

Reinvenciones

Cócteles clásicos modernizados. Hemos metido piña en un Moscow Mule y reformulado el Spritz. Como todo en la vida, se trata de probarlo.

REINVENCIONES

NEGRONI CON JENGIBRE

Una versión especiada y con ron del clásico cóctel de color rubí y sabor agridulce. El ron aromatizado, subrayado con el licor de jengibre (el más emblemático es el King's Ginger de la marca Berry Bros & Rudd), aporta una dimensión oscura y compleja a la bebida: sigue siendo un Negroni seco e intenso, pero diferente.

INGREDIENTES

1	ron especiado	60 ml (2 oz)
2	Aperol	60 ml (2 oz)
3	licor de jengibre	30 ml (1 oz)
4	vermut dulce	30 ml (1 oz)
5	tira de piel de naranja	para decorar

UTENSILIOS

Cuchara coctelera, vaso mezclador, colador

ELABORACIÓN

Remueve los ingredientes líquidos con unos cubitos de hielo en el vaso mezclador; añade más hielo y repite la operación. Cuela en un vaso frío con un buen trozo de hielo. Decora con la piel de naranja.

SIRVE EN: VASO CORTO

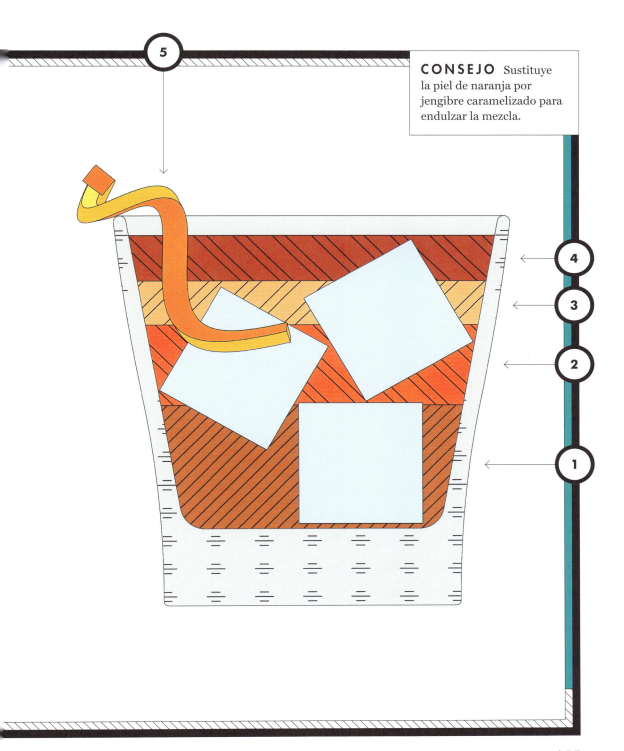

CONSEJO Sustituye la piel de naranja por jengibre caramelizado para endulzar la mezcla.

REINVENCIONES

MARTINI CON TÉ DE BERGAMOTA

El hielo es imprescindible para este combinado: la temperatura rebaja la dureza de los licores y potencia las hojas de té aromatizadas con aceite de bergamota. Prepáralo con glamur; de lo contrario, solo son un par de dosis de alcohol con una bolsa de té. Todo depende de los ojos con que se mire.

INGREDIENTES

1	ginebra	30 ml (1 oz)
2	vodka	30 ml (1 oz)
3	bolsita de té Earl Grey de calidad	1
4	bíter de naranja	un chorrito
5	tira de piel de naranja	para decorar

UTENSILIOS

Coctelera

ELABORACIÓN

Vierte la ginebra y el vodka sobre una bolsita de té Earl Grey a temperatura ambiente. Deja que haga infusión durante al menos 30 minutos y luego retira la bolsita. Agrega el bíter, agita vigorosamente con hielo y sirve en una taza con piel de naranja para decorar.

SIRVE EN: TAZA

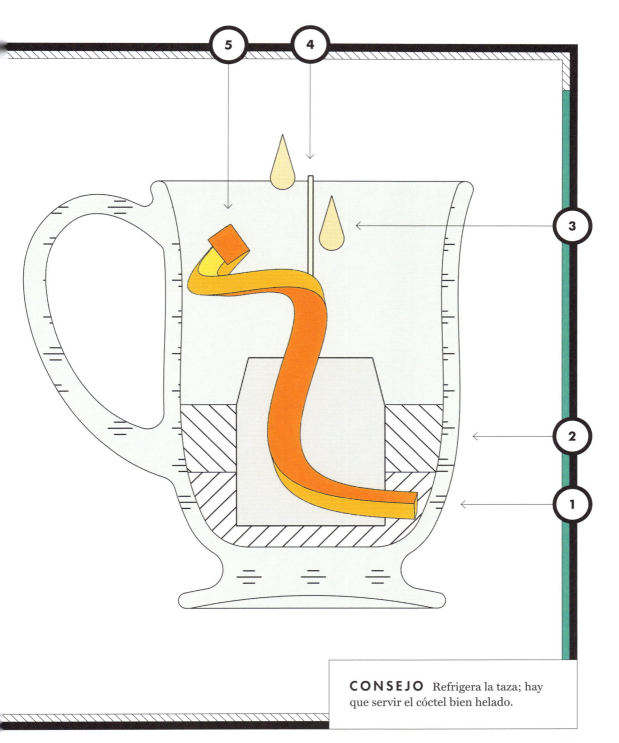

CONSEJO Refrigera la taza; hay que servir el cóctel bien helado.

REINVENCIONES

RAMOS GIN FIZZ CON RUIBARBO Y ROSA

Inspirado por el legendario creador de cócteles Herny C. Ramos, autor en 1888 del Ramos Gin Fizz de Nueva Orleans, tal vez sea el combinado más afectado de esta colección. Esta bebida de tono rosa pastel y aroma delicadamente perfumado es deliciosa sin complejos. Es como una fiesta de pijamas ligera de ropa servida en una copa.

INGREDIENTES

1	ginebra	60 ml (2 oz)
2	sirope de ruibarbo, jengibre y anís (ver siropes de sabores, página 31)	60 ml (2 oz)
3	nata líquida para cocinar	30 ml (1 oz)
4	zumo de lima, recién exprimido	15 ml (½ oz)
5	zumo de limón, recién exprimido	15 ml (½ oz)
6	clara de huevo	1
7	agua de rosas	unas gotas
8	soda fría	para llenar

UTENSILIOS

Coctelera, colador

ELABORACIÓN

Agita los ingredientes líquidos –excepto la soda– durante 30 segundos, luego añade hielo y agítalos otros 30 segundos. Cuela en una copa y acaba de llenar con soda.

SIRVE EN: COPA POMPADOUR

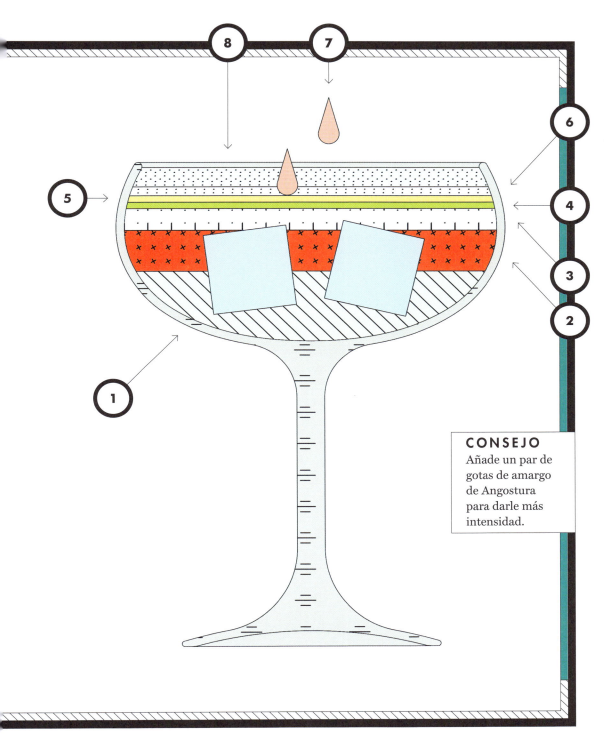

CONSEJO
Añade un par de gotas de amargo de Angostura para darle más intensidad.

REINVENCIONES

MARTINI CON LAUREL Y TÉ VERDE

El clásico Martini, con una ginebra de excelente calidad y muy seca, con laurel y té verde, que le aportan un tono herbal y leñoso bastante firme.

INGREDIENTES

1	bolsita de té verde de calidad	1
2	vodka	30 ml (1 oz)
3	ginebra al laurel (ver siropes de sabores, página 31)	60 ml (2 oz)
4	zumo de limón, recién exprimido	15 ml (½ oz)
5	hoja de laurel	para decorar

UTENSILIOS

Coctelera, colador

ELABORACIÓN

Sumerge la bolsa de té verde en el vodka a temperatura ambiente durante 30 minutos y luego retírala. Agita los ingredientes líquidos con hielo y cuela el líquido en una copa. Añade el zumo de limón y decora con la hoja de laurel.

SIRVE EN: COPA MARTINI O POMPADOUR O VASO CORTO

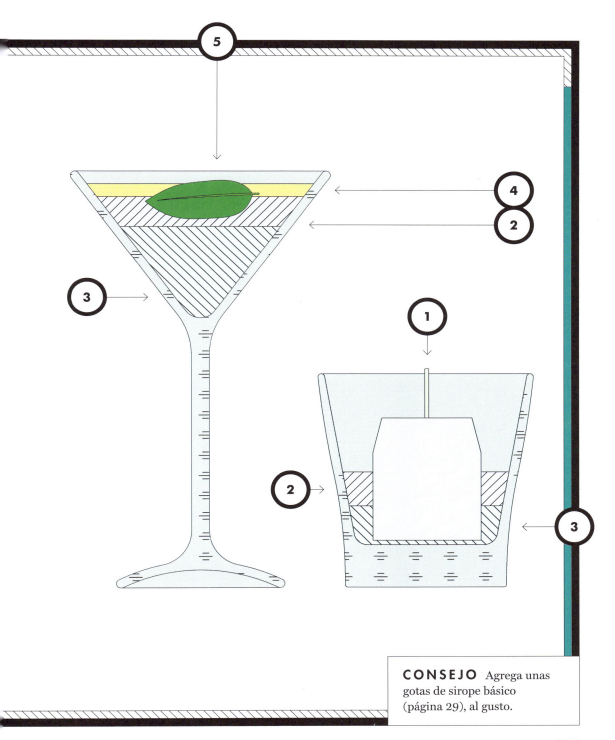

CONSEJO Agrega unas gotas de sirope básico (página 29), al gusto.

REINVENCIONES

MOSCOW MULE DE PIÑA

El Moscow Mule con la potencia de la piña y un aire tiki: la versión tropical del típico cóctel de vodka de los años cuarenta.

INGREDIENTES

1	vodka de primera	60 ml (2 oz)
2	zumo de piña	60 ml (2 oz)
3	zumo de lima, recién exprimido	½ lima
4	cerveza de jengibre fría	para llenar
5	cuñas de lima	para decorar

UTENSILIOS

Coctelera, colador

ELABORACIÓN

Agita con hielo el vodka y los zumos de piña y lima, cuélalo en un vaso julep con una base de hielo, y cúbrelo con la cerveza. Decora con cuñas de lima.

SIRVE EN:
VASO JULEP

CONSEJO Para darle más aroma, añade una gota de bíter de pomelo o de piña.

REINVENCIONES

TÉ HELADO DE BEVERLY HILLS

Esta lujosa interpretación del Té Helado de Long Island tiene el glamur soleado de Beverly Hills, y aporta la fuerza del vodka y el fulgor el champán.

INGREDIENTES

1	vodka de calidad	15 ml (½ oz)
2	tequila oro	15 ml (½ oz)
3	ron dorado	15 ml (½ oz)
4	ginebra	15 ml (½ oz)
5	licor triple seco	15 ml (½ oz)
6	mezcla agridulce (página 30)	30 ml (1 oz)
7	champán frío	para llenar
8	media rodaja de limón	para decorar

UTENSILIOS

Coctelera, colador

ELABORACIÓN

Pon todos los ingredientes (excepto el champán y el limón) en la coctelera llena de hielo. Agita hasta que la mezcla se enfríe y quede espumosa, luego cuélala en un vaso frío lleno de hielo. Acaba de llenarlo con champán y exprime media rodaja de limón por encima.

SIRVE EN: VASO COLLINS

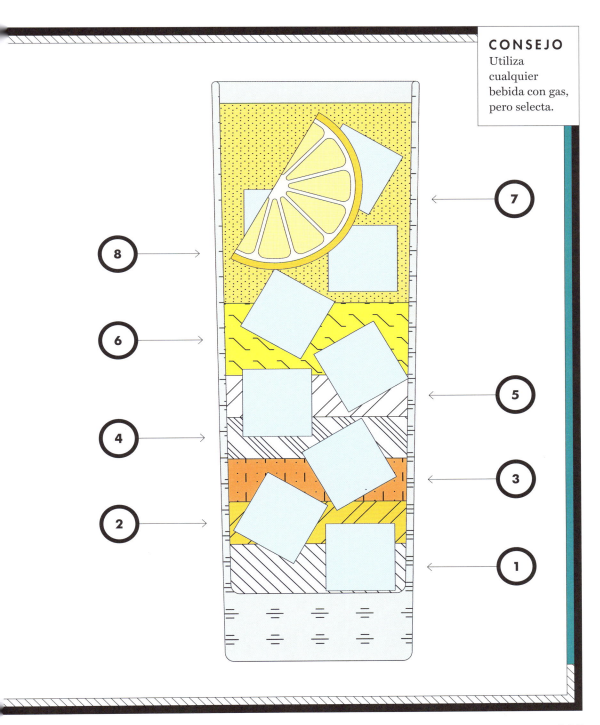

CONSEJO
Utiliza cualquier bebida con gas, pero selecta.

REINVENCIONES

EL NUEVO CLÁSICO SPRITZ

Una versión nada clásica del tradicional Spritz que ya se ha convertido en clásica por mérito propio. Te recomiendo que uses Contratto Bitter, en lugar de Campari o Aperol (aunque los tres dan buen resultado), y vayas acostumbrándote a tu nueva bebida veraniega por defecto.

INGREDIENTES

1	vodka	30 ml (1 oz)
2	Aperol u otro licor amargo	30 ml (1 oz)
3	licor de saúco St Germain	15 ml (½ oz)
4	zumo de pomelo, recién exprimido	25 ml (¾ oz)
5	prosecco frío	para llenar

ELABORACIÓN

Añade al vaso con hielo el vodka, el Aperol, el licor de saúco y el zumo de pomelo, luego rellena con el prosecco y sirve con una pajita.

SIRVE EN: COPA DE VINO, VASO CORTO O LARGO

CONSEJO Decora con una rodaja de pomelo.

089

REINVENCIONES

MOJITO CON RUIBARBO

Una edición rubí del clásico cubano, donde el sabor tropical del ron blanco, el azúcar, la menta, la lima y la soda reciben una inyección de ruibarbo, el sabor inesperado de huerto inglés que aporta al Mojito profundidad sin hacerle perder el toque efervescente y cítrico.

INGREDIENTES

1	cuñas de lima	2
2	azúcar demerara (crudo)	2 cucharaditas
3	hojas de menta fresca	12
4	ron blanco	60 ml (2 oz)
5	sirope casero de ruibarbo y anís (ver siropes de sabores, página 31)	2 cucharaditas
6	soda fría	para llenar
7	ramita de menta fresca	para decorar

UTENSILIOS

Majadero

ELABORACIÓN

Maja las cuñas de lima con el azúcar en el vaso, insistiendo si te gusta un sabor cítrico fuerte o con suavidad si prefieres un sabor sutil. Añade las hojas de menta, luego llena el vaso hasta tres cuartos de su capacidad con hielo picado, agrega el ron y el sirope y remueve. Añade más hielo picado, llena hasta arriba con soda y decora con la ramita de menta.

SIRVE EN:
VASO LARGO

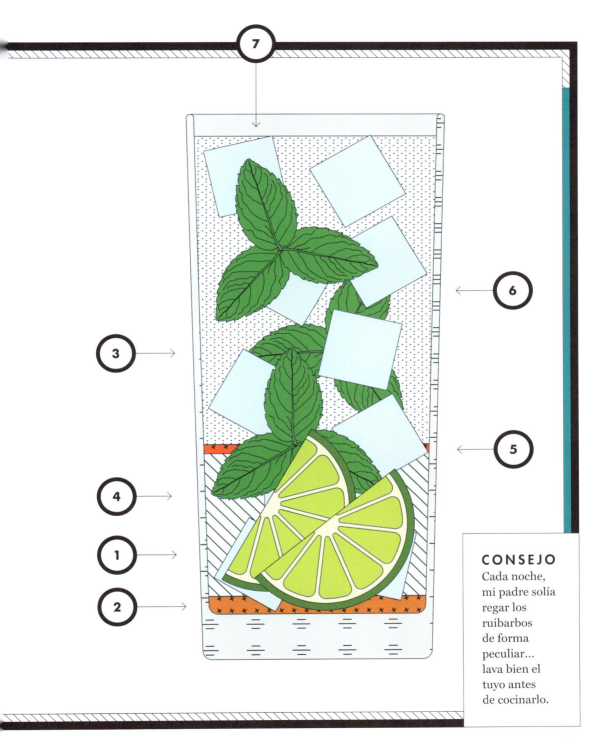

CONSEJO
Cada noche, mi padre solía regar los ruibarbos de forma peculiar... lava bien el tuyo antes de cocinarlo.

REINVENCIONES

HARD CIDER

Creado para los americanos que tienden a olvidarse de echar alcohol a la sidra, este delicioso y enturbiado cóctel posee un sabor fresco y herbal a campo que se une al poder del ron añejo. No escatimes el jarabe de arce y utiliza el mejor (no los sobrecitos que regalan en McDonald's y que se van acumulando en el cajón de la cocina).

INGREDIENTES

1	ron añejo	60 ml (2 oz)
2	zumo de manzana turbio	120 ml (4 oz)
3	jarabe de arce	2 cucharadas
4	zumo de limón, recién exprimido	unas gotas
5	ramitas de tomillo	1

UTENSILIOS

Coctelera

ELABORACIÓN

Agita los ingredientes líquidos con una ramita de tomillo (chafada) con hielo hasta que se enfríen. Sirve con una ramita de tomillo fresca.

SIRVE EN: COPA POMPADOUR

CONSEJO
Utiliza zumo de manzana recién licuado, no del embotellado de color transparente.

REINVENCIONES

COSMOPOLITAN DE FRAMBUESA

Esta versión contemporánea es un guiño al cóctel de vodka rosado e intenso que causó furor en la cultura coctelera de los años noventa. Aunque es un punto más dulce que el Cosmo clásico, conserva ese toque seco tan apreciado por los puristas.

INGREDIENTES

1	vodka Absolut Citron	50 ml (1 ¾ oz)
2	licor triple seco	15 ml (½ oz)
3	licor de frambuesa	15 ml (½ oz)
4	zumo de arándanos rojos	25 ml (¾ oz)
5	frambuesa	para decorar

UTENSILIOS

Coctelera, colador

ELABORACIÓN

Agita con hielo los ingredientes y cuela el cóctel en una copa refrigerada. Decora con una frambuesa y sirve.

SIRVE EN: COPA MARTINI O POMPADOUR

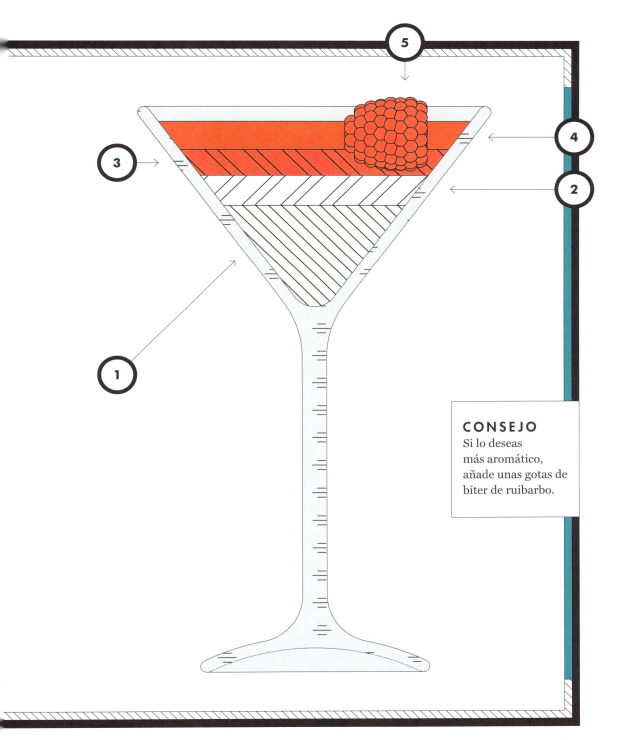

CONSEJO
Si lo deseas más aromático, añade unas gotas de bíter de ruibarbo.

REINVENCIONES

CHERRY FRENCH 75

Esta bebida combina dos cosas maravillosas: es francesa y lleva cerezas. Este cóctel clásico, acentuado con un toque frutal, es fresco e intenso y con un ligero punto de aguja.

INGREDIENTES

1	cerezas pequeñas maduras deshuesadas	un puñado
2	licor Cherry Heering	15 ml (½ oz)
3	zumo de limón, recién exprimido	15 ml (½ oz)
4	agua de rosas	unas gotas
5	ginebra	60 ml (2 oz)
6	prosecco frío	para llenar
7	una cereza	para decorar

UTENSILIOS

Majadero, coctelera, colador

ELABORACIÓN

Maja suavemente las cerezas con el licor Cherry Heering, el zumo de limón y el agua de rosas. Añade la ginebra y agita con hielo. Cuela en una copa y acaba de llenarla con el prosecco. Decora con una sola cereza.

SIRVE EN: COPA POMPADOUR O MARTINI

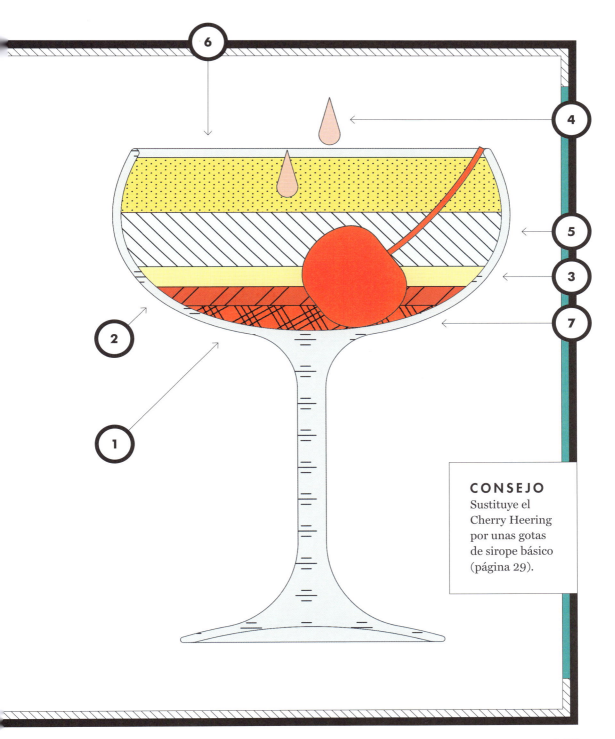

CONSEJO
Sustituye el Cherry Heering por unas gotas de sirope básico (página 29).

Cítricos y sours

Priva y cítricos: la pareja ideal. Lima, limón y pomelo recién exprimidos, y cáscaras de intenso aroma elevan el nivel de tus combinados predilectos. Desde el delicado Collins de pomelo y estragón al Whisky Sour perfecto.

CÍTRICOS Y SOURS

GIN RICKEY

Simple, fuerte, refrescante y –con dos en el cuerpo– mareante. Modifica la proporción de azúcar y lima a tu gusto, pero un buen Rickey debe resultar ácido, intenso y fuerte.

INGREDIENTES

1	ginebra	60 ml (2 oz)
2	zumo de lima, recién exprimido	1 cucharada
3	sirope básico (página 29)	1 cucharada
4	soda	para llenar
5	cuña de lima	para decorar

ELABORACIÓN

Echa la ginebra, el zumo de lima y el sirope en el vaso lleno de cubitos. Remueve, acaba de llenar con soda y decora con la lima. Sirve con una pajita.

SIRVE EN: COPA POMPADOUR

CONSEJO
Añade una ramita de menta, si eso es lo que te va.

CÍTRICOS Y SOURS

COLLINS DE POMELO Y ESTRAGÓN

El clásico Gin Collins se reinventa aquí con el suave sabor anisado del estragón fresco y el punto ácido del pomelo. El pomelo aporta una tonalidad rosada y el estragón añade un aroma herbal a regaliz.

INGREDIENTES

1	estragón fresco	3-4 briznas
2	azúcar moreno claro	1 cucharadita
3	ginebra	60 ml (2 oz)
4	zumo de pomelo rosado o rojo	60 ml (2 oz)
5	tónica fría	para llenar
6	unas briznas de estragón	para decorar
7	piel de pomelo	para decorar

UTENSILIOS

Majadero, coctelera, colador

ELABORACIÓN

Maja el estragón y el azúcar en la coctelera. Añade un puñado de cubitos de hielo, la ginebra y el zumo de pomelo, agita y cuela en un vaso Collins lleno de hielo. Acaba de llenar con tónica. Agrega unas briznas de estragón y la piel de pomelo para decorar.

SIRVE EN:
VASO COLLINS

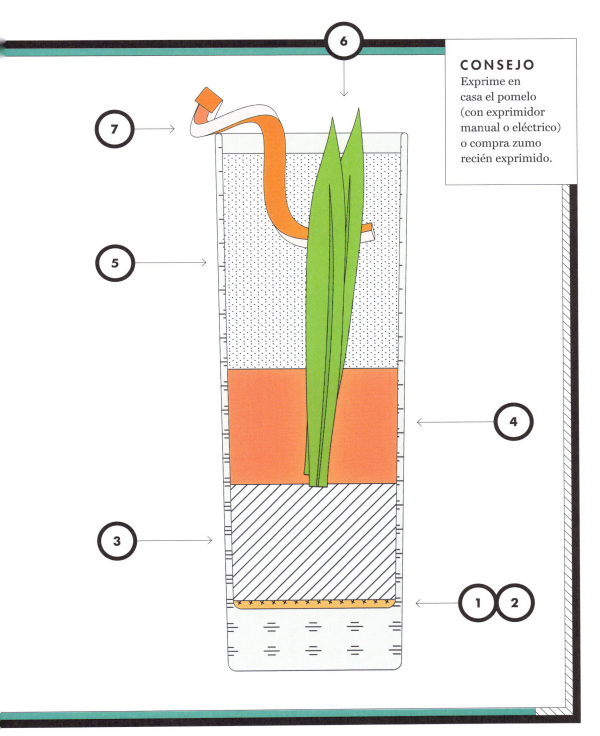

CÍTRICOS Y SOURS

GIMLET

El cóctel original de ginebra y zumo: potente. Se puede cambiar el zumo de lima por el de otro cítrico.

INGREDIENTES

1	ginebra	60 ml (2 oz)
2	zumo de lima, recién exprimido	15 ml (½ oz)

UTENSILIOS

Coctelera, colador

ELABORACIÓN

Agita los ingredientes con hielo y vigor y cuela el contenido en una copa refrigerada con un par de cubitos.

SIRVE EN: COPA POMPADOUR O MARTINI

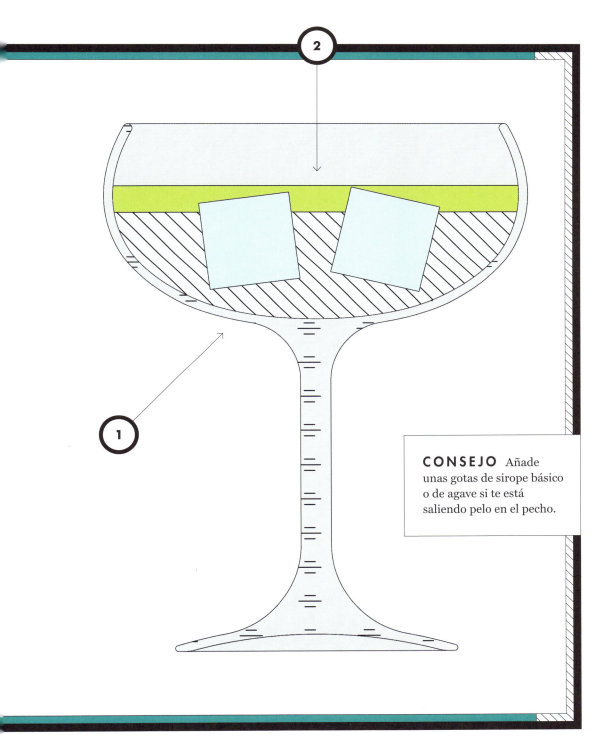

CONSEJO Añade unas gotas de sirope básico o de agave si te está saliendo pelo en el pecho.

CÍTRICOS Y SOURS

WHISKY SOUR

Este trago corto clásico sabe navegar entre lo dulce y lo ácido, con su acentuado sabor cítrico y dulce sirope básico. Es capaz de animar desde un bourbon de primera hasta el licor más socorrido del que llegues a echar mano a última hora. De un color anaranjado que regala la vista, es bebible en extremo. Sírvelo helado, por supuesto.

INGREDIENTES

1	bourbon	60 ml (2 oz)
2	zumo de limón, recién exprimido	20 ml (⅔ oz)
3	sirope básico (página 29)	20 ml (⅔ oz)
4	rodaja de naranja	½, para decorar
5	guinda al marrasquino	para decorar

UTENSILIOS

Coctelera, colador

ELABORACIÓN

Agita el bourbon, el zumo de limón y el sirope con hielo hasta que se enfríen bien. Cuela en un vaso lleno de hielo, decora y sirve.

SIRVE EN:
VASO CORTO
O DE WHISKY

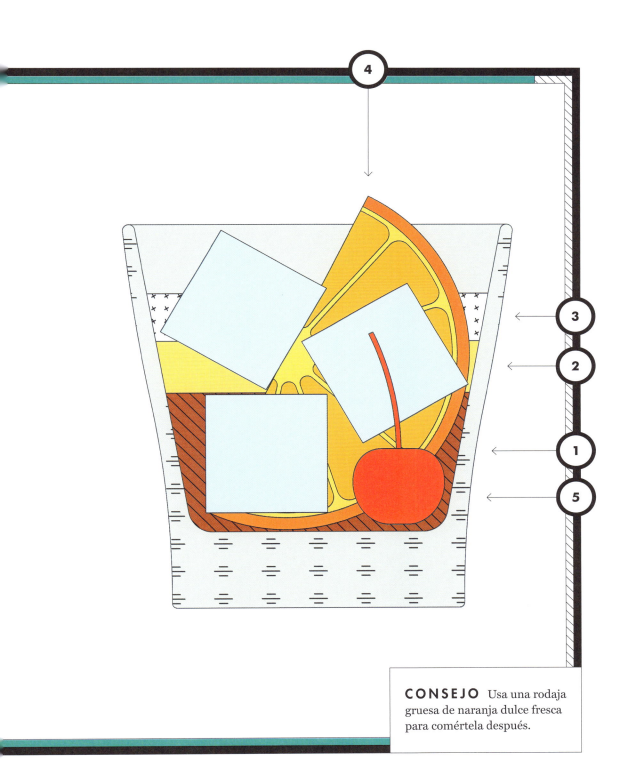

CONSEJO Usa una rodaja gruesa de naranja dulce fresca para comértela después.

CÍTRICOS Y SOURS

BREAKFAST MARGARITA

¿Te esfuerzas por compaginar tu debilidad por el pan tostado y la mermelada de cítricos con una dieta sin gluten? Cambia el pan por tequila. Esta Margarita es lo más indicado para un *brunch* animado o una buena retazaeración tras una noche de marcha. Vale la pena ponerse el despertador para prepararla.

INGREDIENTES

1		tequila reposado	45 ml (1 ½ oz)
2		licor de naranja	22 ½ ml (¾ oz)
3		zumo de lima, recién exprimido	22 ½ ml (¾ oz)
4		mermelada de naranja	1 cucharadita colmada
5		sirope básico (página 29)	7 ½ ml (¼ oz)
6		espiral de cáscara de naranja	para decorar

UTENSILIOS

Coctelera, colador

ELABORACIÓN

Pon todos los ingredientes (excepto la decoración) en la coctelera llena de hielo y agita hasta que se enfríe. Cuela en un vaso lleno de hielo y añade una espiral de piel de naranja.

SIRVE EN: VASO CORTO O TARRO DE MERMELADA

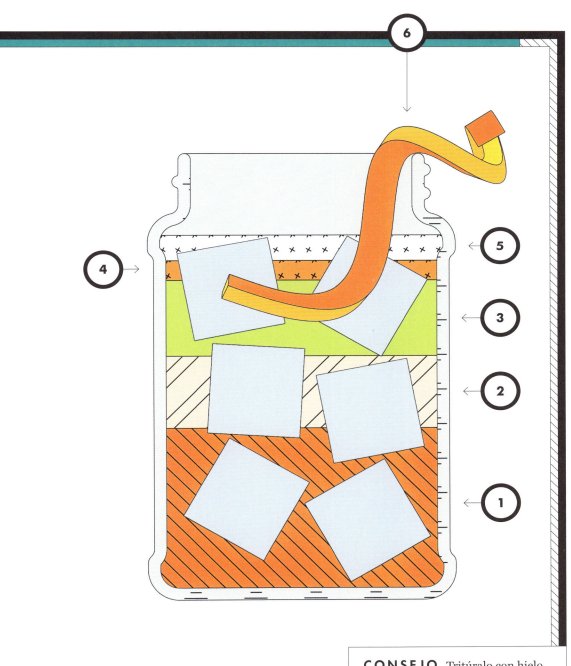

CONSEJO Tritúralo con hielo (en lugar de agitarlo) para presentar un granizado impactante.

CÍTRICOS Y SOURS

SOUR DE RUIBARBO

El intenso sabor agridulce de este pequeño cóctel de color rosa y algo espumoso estallará en tu boca. El ruibarbo, de tallos ácidos, es común en los jardines ingleses, igual que los erizos (aquí no son necesarios: saben fatal).

INGREDIENTES

1	ginebra	60 ml (2 oz)
2	triple seco	30 ml (1 oz)
3	zumo de limón, recién exprimido	30 ml (1 oz)
4	sirope de ruibarbo casero (ver siropes de sabores, página 31)	120 ml (4 oz)
5	clara de huevo	1
6	piel de naranja	para decorar

UTENSILIOS

Coctelera, colador

ELABORACIÓN

Agita la ginebra, el triple seco, el zumo de limón, el sirope de ruibarbo y la clara de huevo vigorosamente con hielo. Cuela en la copa y decora con piel de naranja.

SIRVE EN: COPA POMPADOUR

CONSEJO
Añade una estrella de anís al sirope de ruibarbo para aportar un toque de regaliz.

CÍTRICOS Y SOURS

MARGARITA HELADA DE SANGUINA

Esta bebida de tono rosa oscuro, tipo granizado, es deliciosa y fácil y rápida de degustar. Además, el zumo de fruta cuenta como una de las cinco raciones al día.

INGREDIENTES

1		media rodaja de lima	para escarchar
2		sal marina	para escarchar
3		tequila plata	45 ml (1 ½ oz)
4		licor triple seco	15 ml (½ oz)
5		zumo de naranja sanguina, recién exprimido	60 ml (2 oz)
6		sirope de agave	15 ml (½ oz)
7		zumo de lima	unas gotas

UTENSILIOS

Batidora, platito para escarchar

ELABORACIÓN

Humedece el borde de una copa refrigerada con la lima y luego pásalo por la sal. Añade todos los ingredientes (excepto el zumo de lima) al vaso de la batidora junto con una buena cucharada de hielo picado. Tritura a potencia máxima hasta que quede bien mezclado. Viértelo en la copa y agrega unas gotas de zumo de lima.

SIRVE EN: MARGARITA O COPA DE VINO GRANDE

CONSEJO
Añade un poco de raspadura de lima a la mezcla para darle más aroma cítrico.

CÍTRICOS Y SOURS

RIVERA DE POMELO

El amargor del pomelo, equilibrado con la dulzura y el aroma del saúco, sobre la potente base de un vodka de calidad. Un preparado de aspecto delicado que oculta su auténtico vigor.

INGREDIENTES

1	vodka de calidad	60 ml (2 oz)
2	licor de saúco St Germain	30 ml (1 oz)
3	zumo de pomelo rosa, recién exprimido	50 ml (1 ¾ oz)

UTENSILIOS

Coctelera, colador

ELABORACIÓN

Agita los ingredientes con hielo hasta que se enfríen bien, y luego cuela en una copa refrigerada.

SIRVE EN: COPA POMPADOUR O MARTINI

CÍTRICOS Y SOURS

LIMONADA TOSTADA

Esta bebida ahumada con miel y cítricos es, sin lugar a dudas, un auténtico placer. Utiliza un vodka de primera o un vodka de limón o mandarina, sirope de miel y los limones más frescos y jugosos que encuentres.

INGREDIENTES

1	limones	2-3
2	vodka de primera	30 ml (1 oz)
3	sirope de miel (ver siropes de sabores, página 31)	30 ml (1 oz)
4	soda fría	para llenar
5	ramita de tomillo	para decorar
6	rodajas de limón	para decorar

UTENSILIOS

Vaso mezclador, parrilla

ELABORACIÓN

Parte los limones por la mitad y ponlos en una parrilla caliente con la pulpa hacia abajo durante menos de un minuto (hasta que se marquen). Aparte, para decorar, dora un par de rodajas unos 20 segundos. Exprime las mitades de limón y añade al vaso mezclador con hielo 30 ml del zumo, el vodka y el sirope de miel. Remueve hasta que se forme condensación, pásalo a un vaso y rellena con la soda. Decora con una ramita de tomillo y las rodajas de limón a la parrilla.

SIRVE EN: VASO LARGO

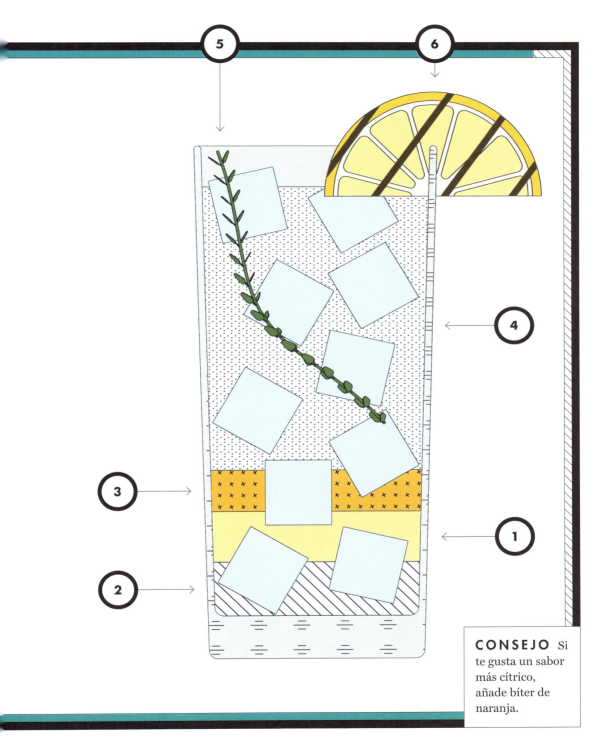

CONSEJO Si te gusta un sabor más cítrico, añade bíter de naranja.

CÍTRICOS Y SOURS

DAIQUIRI DE YUZU Y JENGIBRE

El cítrico japonés, el yuzu (ácido, como el pomelo), tal vez esté fuera de las tendencias culinarias actuales, pero aporta poder cítrico a este Daiquiri delicioso, ácido y aromático con el punto picante y dulce del jengibre.

INGREDIENTES

1	ron blanco	60 ml (2 oz)
2	zumo de lima, recién exprimido	15 ml (½ oz)
3	sirope de jengibre casero (ver siropes de sabores, página 31)	10 ml (⅓ oz)
4	zumo de clementina, recién exprimido	30 ml (1 oz)
5	zumo de yuzu, recién exprimido, si es posible	unas gotas
6	agua con gas fría	para llenar
7	una tira de piel de naranja	para decorar

UTENSILIOS

Coctelera, colador

ELABORACIÓN

Llena la coctelera de hielo picado, añade el ron, los zumos de lima, clementina y yuzu y el sirope, y agita con todas tus fuerzas, hasta que se forme espuma. Cuela en una copa fría y acaba de llenarla con agua con gas. Decora con la piel de naranja.

SIRVE EN: COPA POMPADOUR

CONSEJO El zumo de yuzu natural es ideal si puedes conseguirlo, pero la versión que encuentres en el supermercado ya va bien.

CÍTRICOS Y SOURS

PINK RIVERA

Pomelo suavemente amargo equilibrado con flor de saúco dulce y aromática, sobre un fondo potente de ron claro. Un combinado de aspecto frágil que esconde una gran fuerza.

INGREDIENTES

1	ron claro	60 ml (2 oz)
2	licor de flor de saúco St Germain	30 ml (1 oz)
3	zumo de pomelo rosado, recién exprimido	50 ml (1 ¾ oz)

UTENSILIOS
Coctelera, colador

ELABORACIÓN
Vierte los ingredientes líquidos en la coctelera. Agita con hielo hasta que se enfríen bien, y luego cuélalos en una copa fría.

SIRVE EN: COPA POMPADOUR

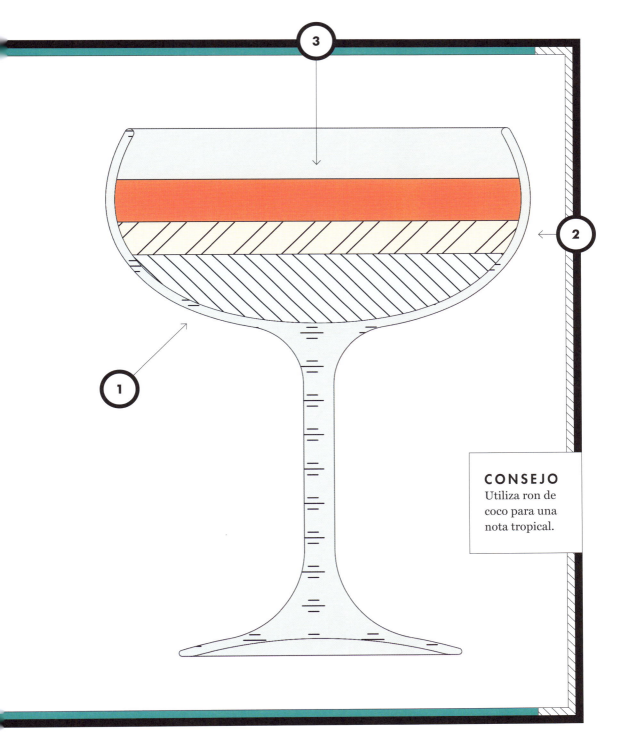

CONSEJO
Utiliza ron de coco para una nota tropical.

Los clásicos modernos

Bastante refinadas y del todo contemporáneas: estas bebidas son para lucir tus habilidades de coctelería con ingredientes raros, desde agave y aperitivos hasta recetas con pera.

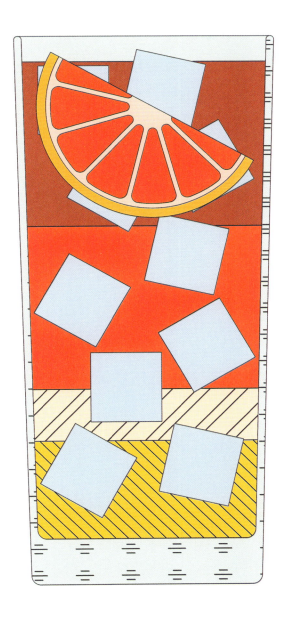

LOS CLÁSICOS MODERNOS

REINA MADRE

Se cree que la ginebra con Dubonnet (el aperitivo dulce de licor de vino) era la combinación preferida de la Reina Madre de Inglaterra, ¿y quién va a poner objeciones? Considera este potente cóctel real como un Negroni dulce con buqué de agua de azahar.

INGREDIENTES

1	ginebra	60 ml (2 oz)
2	Dubonnet	60 ml (2 oz)
3	agua de azahar	unas gotas
4	amargo de Angostura	unas gotas
5	piel de naranja	para decorar

UTENSILIOS
Vaso mezclador, cuchara coctelera, colador

ELABORACIÓN
Vierte los ingredientes líquidos en el vaso mezclador y remuévelos con hielo, luego cuélalos en un vaso corto o copa Pompadour sobre un trozo de hielo. Decora con una tira larga de piel de naranja.

SIRVE EN: VASO CORTO O COPA POMPADOUR

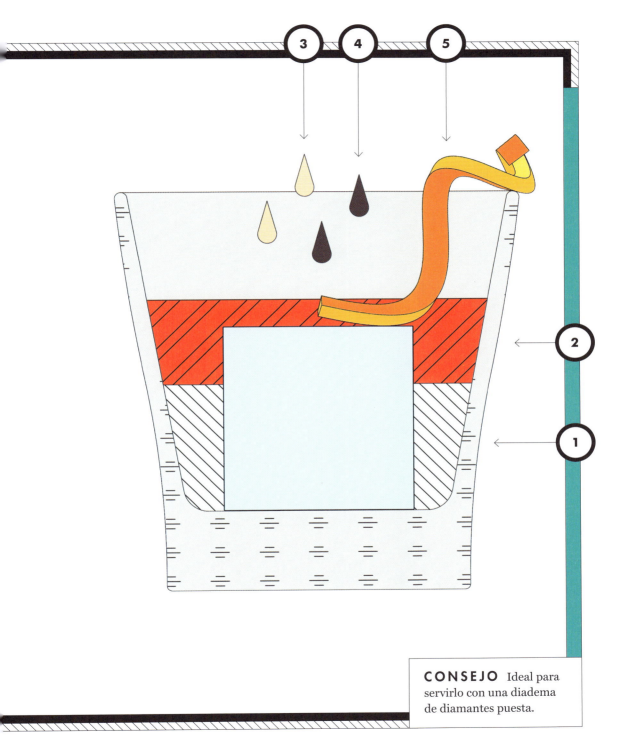

LOS CLÁSICOS MODERNOS

APERITIVO AMERICANO

Este sencillo aperitivo a base de bourbon recurre al sirope de jengibre y el licor amaro para aportar un toque seco, refrescante y amargo; una buena alternativa para los que se han pasado con los negronis veraniegos.

INGREDIENTES

1		bourbon	60 ml (2 oz)
2		licor tipo amaro	60 ml (2 oz)
3		sirope de jengibre	30 ml (1 oz)
4		tajada de limón	para decorar

UTENSILIOS

Vaso mezclador, cuchara coctelera, colador

ELABORACIÓN

Añade los líquidos al vaso con hielo, remueve y cuela en un vaso corto lleno de hielo. Agrega el limón y sirve.

SIRVE EN: VASO DE BASE PESADA

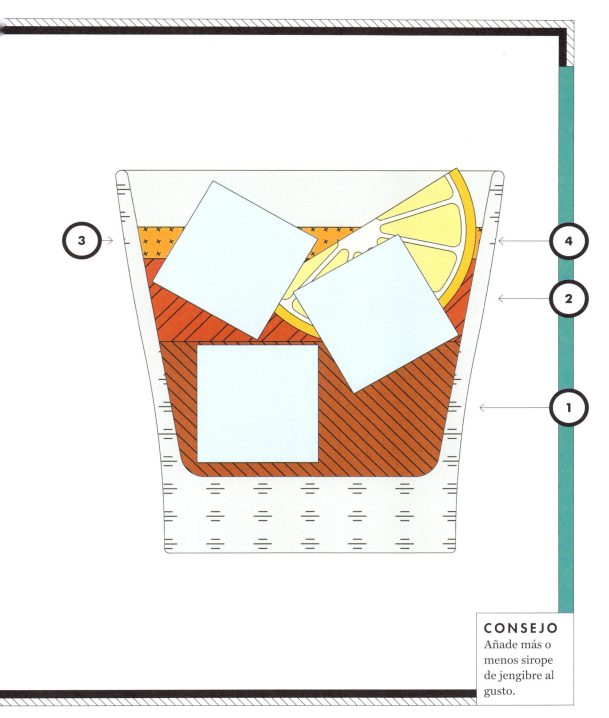

CONSEJO
Añade más o menos sirope de jengibre al gusto.

LOS CLÁSICOS MODERNOS

SOUTHSIDE

Se dice que este clásico de la época de la Prohibición nació en el Club 21, en Nueva York, inspirado en una versión larga servida sobre hielo picado que tomaban los mafiosos. Posee un sabor fresco, intenso y algo así como ilegal.

INGREDIENTES

1	ramas de menta fresca	2-3
2	ginebra	60 ml (2 oz)
3	zumo de lima, recién exprimido	30 ml (1 oz)
4	sirope básico (página 29)	15 ml (½ oz)
5	ramita de menta fresca	para decorar

UTENSILIOS

Majadero, coctelera, colador

ELABORACIÓN

Maja suavemente la menta. Agita los ingredientes con hielo y cuela el líquido en una copa. Decora con una ramita de menta fresca.

SIRVE EN: COPA POMPADOUR O MARTINI

LOS CLÁSICOS MODERNOS

NICE PEAR

Nada como una buena pera madura. Este cóctel aplica esta premisa incorporando zumo de pera recién licuado, una nota picante de jengibre y ginebra de la mejor calidad.

INGREDIENTES

1	zumo de pera, recién licuado	60 ml (2 oz)
2	ginebra de calidad	60 ml (2 oz)
3	sirope de azúcar moreno especiado (ver siropes de sabores, página 31)	15 ml (½ oz)
4	jengibre caramelizado rallado	para decorar
5	ramita de menta fresca	para decorar

UTENSILIOS

Licuadora –o batidora y colador de malla fina–, coctelera, colador

ELABORACIÓN

Agita los ingredientes líquidos con hielo y cuélalos en una copa. Ralla el jengibre caramelizado por encima y añade una ramita de menta para decorar.

SIRVE EN: COPA POMPADOUR

CONSEJO
Añade unas gotas de zumo de lima natural si la pera es demasiado dulce.

LOS CLÁSICOS MODERNOS

WHISKY GRENADINE

Esta receta tipo ponche se apoya en la granadina y el zumo pomelo rosa para ofrecer un trago veraniego con el punto justo de acidez. Está igual de rico servido en vaso de papel en una barbacoa de balcón como en vaso corto de cristal tallado del aniversario de bodas de los padres. Allá tú.

INGREDIENTES

1	zumo de pomelo, recién exprimido	60 ml (2 oz)
2	bourbon o whisky de centeno	30 ml (1 oz)
3	vermut rojo (dulce)	30 ml (1 oz)
4	granadina	10 ml (⅓ oz)
5	rodaja de limón	½, para decorar
6	guinda al marrasquino	para decorar

UTENSILIOS

Coctelera, colador

ELABORACIÓN

Agita los líquidos con hielo hasta que se condense agua en el exterior de la coctelera y cuela en un vaso lleno de hielo. Decora con limón y una guinda.

SIRVE EN: VASO DE BASE PESADA

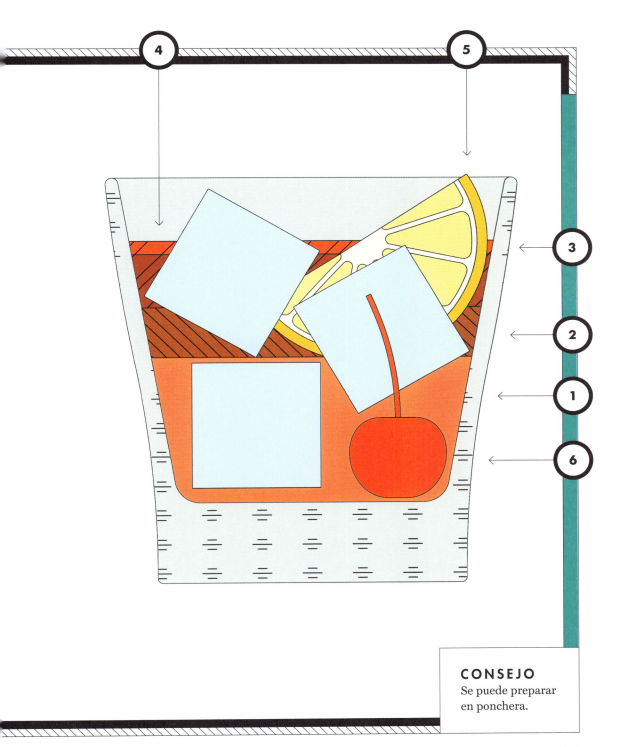

CONSEJO
Se puede preparar en ponchera.

LOS CLÁSICOS MODERNOS

JUAN COLLINS

Prepara un Tom Collins (creado a finales de la década de 1870 por el legendario barman norteamericano Jerry Thomas) con tequila en lugar de la clásica ginebra. Se trata de un cóctel reducido a la mínima expresión diseñado para destacar la calidad del tequila, por lo que hay que usar uno con clase.

INGREDIENTES

1	tequila reposado	45 ml (1 ½ oz)
2	zumo de limón, recién exprimido	30 ml (1 oz)
3	sirope de agave	15 ml (½ oz)
4	soda	60 ml (2 oz)
5	media rodaja de lima	para decorar
6	guinda al marrasquino	para decorar

UTENSILIOS
Cuchara coctelera

ELABORACIÓN
Vierte el tequila, el zumo de limón y el sirope de agave en un vaso lleno de hielo. Remueve y acaba de llenar con soda. Exprime la media rodaja de lima en la bebida y sumérjela en ella junto con una guinda al marrasquino.

SIRVE EN:
VASO COLLINS

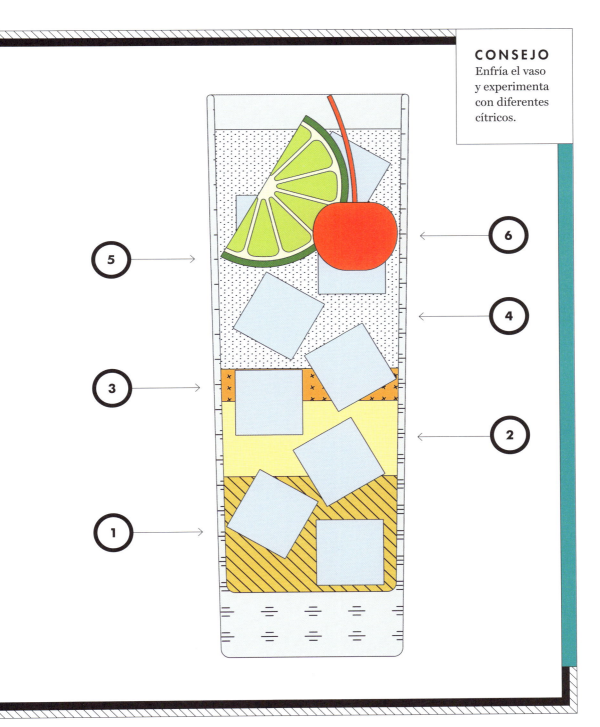

CONSEJO
Enfría el vaso y experimenta con diferentes cítricos.

LOS CLÁSICOS MODERNOS

CEREZADE

Mazapán y mermelada hechos cóctel. Tequila dorado, zumo de cereza de color rubí, cítricos maduros y un poco de licor de almendras. Acaba de llenar el vaso con limonada ácida para un toque más dulce o bien con soda fría para una bebida más refrescante.

INGREDIENTES

1	rodaja de naranja	1
2	rodaja de limón	1
3	mezcal	45 ml (1 ½ oz)
4	zumo de cereza	30 ml (1 oz)
5	sirope básico (página 29)	15 ml (½ oz)
6	licor de almendras	15 ml (½ oz)
7	amargo de Angostura	unas gotas
8	limonada	para llenar

UTENSILIOS

Majadero, coctelera, colador y cuchara coctelera

ELABORACIÓN

Chafa las rodajas de naranja y limón en la coctelera y llénala de hielo. Añade el mezcal, el zumo de cereza, el sirope, el licor de almendras y el amargo. Agita bien para que se enfríe todo. Cuela en un vaso con hielo y acaba de llenar con limonada. Remueve con cuidado con la cuchara coctelera.

SIRVE EN:
VASO LARGO
O COLLINS

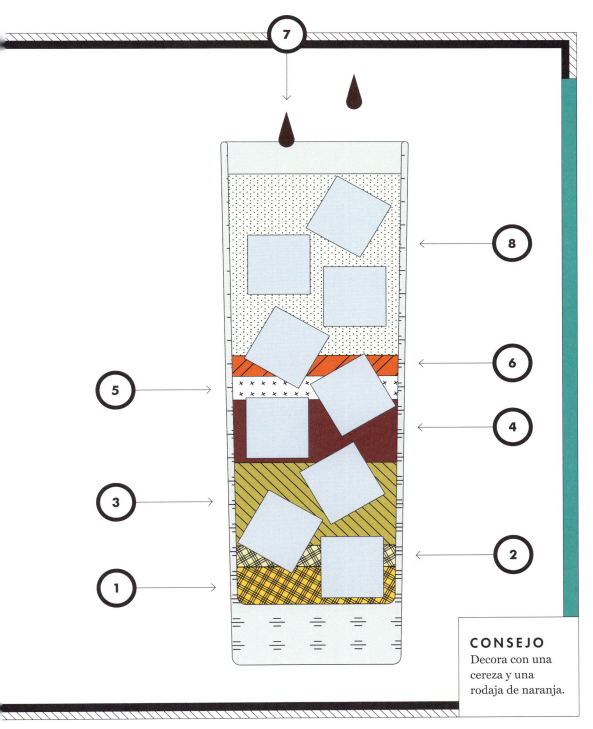

CONSEJO
Decora con una cereza y una rodaja de naranja.

LOS CLÁSICOS MODERNOS

TÉ HELADO DE AGAVE

Imagina la taza de té más deliciosa que hayas probado jamás. Ahora, imagínetela con tequila, lima y sirope de agave. Alucinante, ¿verdad? Esta receta retocada de té helado incluye tequila y ron dorados y ginger-ale con un poco de dulzor del agave.

INGREDIENTES

1	tequila oro	15 ml (½ oz)
2	vodka	15 ml (½ oz)
3	ron dorado	15 ml (½ oz)
4	licor triple seco	15 ml (½ oz)
5	zumo de lima, recién exprimido	15 ml (½ oz)
6	sirope de agave	15 ml (½ oz)
7	ginger-ale	para llenar
8	media rodaja de lima	para decorar

UTENSILIOS

Coctelera, colador

ELABORACIÓN

Pon el tequila, el vodka, el ron, el triple seco y el zumo de lima en la coctelera con hielo y agita hasta que se forme espuma y se enfríe. Cuela en un vaso con hielo. Acaba de llenar con ginger-ale y decora con media rodaja de lima exprimida encima.

SIRVE EN: VASO LARGO

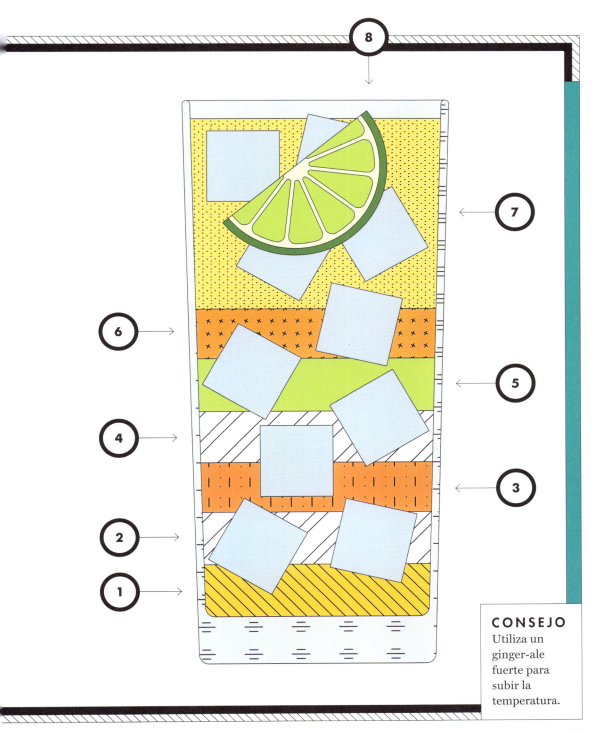

CONSEJO
Utiliza un ginger-ale fuerte para subir la temperatura.

LOS CLÁSICOS MODERNOS

PINK PALOMA

Esta bebida fresca y ácida, con soda fría, se elabora con una base de vodka de primera, animado con pomelo rojo y lima. El Paloma original, con tequila y un chorrito de refresco de pomelo, es muy popular entre los españoles, pero esta versión adulta es lo más.

INGREDIENTES

1	vodka de mandarina o de calidad	60 ml (2 oz)
2	zumo de pomelo rojo, recién exprimido	½ pomelo
3	zumo de lima, recién exprimido	15 ml (½ oz)
4	sirope de agave o básico (página 29)	15 ml (½ oz)
5	soda	para llenar
6	rodaja de lima	para decorar

UTENSILIOS

Coctelera, colador

ELABORACIÓN

Pon el vodka, los zumos y el sirope en una coctelera con hielo. Agita vigorosamente y cuélalo en un vaso lleno de hielo. Acaba de llenar el vaso con soda y decora con una rodaja de lima.

SIRVE EN: TARRO DE MERMELADA O VASO CORTO

CONSEJO Ten soda a mano para ir rellenando.

LOS CLÁSICOS MODERNOS

EL VODKA NARANJA DEFINITIVO

Incluso la mejor pareja necesita de vez en cuando probar cosas nuevas. Varía el típico combinado de vodka con naranja dándole un toque avainillado, y añade zumo recién exprimido y unas gotas de bíter de naranja para aromatizarlo. Nada volverá a ser igual.

INGREDIENTES

1	vodka de vainilla	30 ml (1 oz)
2	zumo de naranja recién exprimido	para llenar
3	bíter de naranja	2 gotas
4	rodaja de naranja	para decorar

ELABORACIÓN

Pon el vodka en un vaso largo o corto, medio cubierto con hielo. Acaba de llenarlo con zumo de naranja y agrega el bíter. Decora con una rodaja de naranja.

SIRVE EN:
VASO LARGO
O CORTO

CONSEJO
Añade un bastón de pepino para refrescarlo, o elige soda para que burbujee.

LOS CLÁSICOS MODERNOS

PINK VODKA LEMONADE

Es el preparado favorito en las fiestas veraniegas. El Pink Vodka Lemonade es una manera pecaminosamente gustosa de beber vodka. El zumo de limón añadido mantiene el punto ácido, y el vodka de frambuesa de calidad lo eleva de categoría: de ponche guatequero a algo completamente elegante.

INGREDIENTES

1	vodka Absolut Raspberri	30 ml (1 oz)
2	zumo de arándanos rojos	30 ml (1 oz)
3	zumo de limón, recién exprimido	15 ml (½ oz)
4	limonada fría	para llenar
5	bíter de ruibarbo	2 gotas
6	rodaja de lima	para decorar

ELABORACIÓN

Añade el vodka, el zumo de arándanos y el zumo de limón a un vaso con hielo, y acaba de llenarlo con limonada. Agrega el bíter y decora con una rodaja de lima.

SIRVE EN: VASO LARGO

CONSEJO
Dale un aire gracioso y sencillo con limonada turbia y algunas bayas.

Fiesta en casa

Preparados mágicos para festejos que se presentan
en ponchera o con giros inesperados, desde la Sangría
de patio y el Ponche de coco y ron hasta
el Thirsty Cowboy.

FIESTA EN CASA

SNOOP (AKA GIN & JUICE)

En 1993, el rapero Snoop Dogg se refería al Gin & Juice (ginebra con zumo) en su primer álbum, *Doggystyle*, y el combinado antes asociado a las abuelas de repente se erigió en bebida de malote. Es potente y la canela aún lo enciende más. El zumo de cítricos debe ser recién exprimido.

INGREDIENTES (PARA 10-12 PERSONAS)

1	zumo de lima, recién exprimido	175 ml (6 oz)
2	sirope de canela (ver siropes de sabores, página 31)	175 ml (6 oz)
3	ginebra	750 ml (25 oz)
4	zumo de arándano rojo	350 ml (12 oz)
5	zumo de piña	350 ml (12 oz)
6	zumo de naranja recién exprimido	350 ml (12 oz)
7	rodajas de naranja	para decorar
8	rodajas de lima	para decorar
9	trozos o rodajas de piña	para decorar

UTENSILIOS

Exprimidor (manual o automático)

ELABORACIÓN

Vierte el zumo de lima, el sirope de canela y la ginebra en la jarra y remueve bien. Añade el resto de ingredientes líquidos sobre cubitos de hielo grandes. Decora con las rodajas de fruta.

SIRVE EN: JARRA Y VASOS DE PLÁSTICO

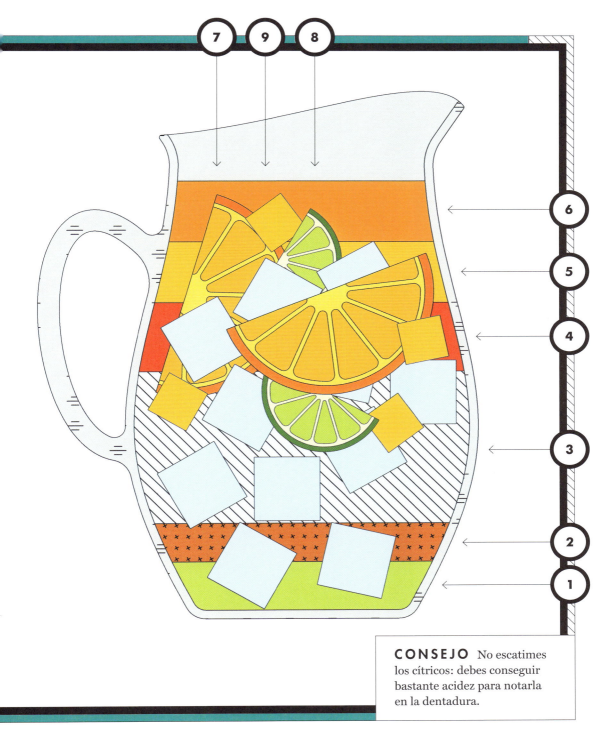

CONSEJO No escatimes los cítricos: debes conseguir bastante acidez para notarla en la dentadura.

149

FIESTA EN CASA

PONCHE DE CERVEZA Y MIEL

Una versión dulce, a la cerveza, del Té Helado de Long Island con ginebra, miel y cerveza de calidad que conforma un ponche individual de trago fácil. Añade más miel, al gusto.

INGREDIENTES

1	miel	1 cucharadita
2	agua caliente	unas gotas
3	zumo de limón, recién exprimido	15 ml (½ oz)
4	ginebra	60 ml (2 oz)
5	cerveza fría de calidad	para llenar
6	rodaja de limón	para decorar

UTENSILIOS
Vaso mezclador, cuchara coctelera

ELABORACIÓN
Derrite una cucharada generosa de miel en el vaso mezclador con un toque de agua caliente y déjalo templar. Viértelo en el vaso ya listo con cubitos, zumo de limón y ginebra. Añade cerveza fría hasta arriba y decóralo con una rodaja de limón.

SIRVE EN: VASO LARGO

CONSEJO
Usa cerveza suave o sin alcohol (nadie lo sabrá).

FIESTA EN CASA

SANGRÍA PARTY

Una sangría blanca, aromática, con un punto tropical ridículamente fácil de preparar; perfecta para fiestas veraniegas en la terraza o para reuniones de expresidiarios. ¿Celebras algo de improviso? Añade unos trozos grandes de hielo para que se enfríe rápido la bebida o mezcla todos los ingredientes en un vaso con hielo picado para tomar granizados de sangría.

INGREDIENTES (PARA 4-6 PERSONAS)

1	naranja	½
2	fresas frescas	4-5
3	trozos de piña	un puñado
4	ron blanco	250 ml (8 ½ oz)
5	zumo de lima	1 lima
6	vino blanco seco	1 botella
7	zumo de piña, recién licuado	250 ml (8 ½ oz)
8	ramitas de menta frescas	un puñado

UTENSILIOS

Cuchara coctelera

ELABORACIÓN

Corta la naranja en rodajas finas y parte las fresas por la mitad, luego échalas a la jarra con la piña. Vierte encima el ron, el zumo de lima, el vino y el zumo de piña, y déjalo enfriar 2-3 horas (para que la fruta haga infusión).
Añade hojas de menta, remueve suavemente y sirve.

SIRVE EN: VASOS DE PLÁSTICO

CONSEJO
Emplea zumo recién exprimido siempre que puedas, y añade más zumo de lima al gusto.

FIESTA EN CASA

PONCHE DE COCO Y RON

Este ponche de color salmón pálido presenta un degradado de granadina que cautiva a todo el mundo. También lleva guindas y rodajas de cítricos y la potencia del ron al coco. Sírvelo en media cáscara de coco.

INGREDIENTES (PARA 4 PERSONAS)

1	rodajas de naranja, limón y lima	½ fruta de cada
2	guindas al marrasquino	5-6
3	ron al coco	250 ml (8 ½ oz)
4	zumo de naranja, recién exprimido	500 ml (17 oz)
5	zumo de piña, recién licuado	250 ml (8 ½ oz)
6	agua de coco	250 ml (8 ½ oz)
7	cerveza de jengibre	500 ml (17 oz), o más
8	granadina	250 ml (8 ½ oz)

ELABORACIÓN

Llena la ponchera o jarra hasta la mitad de hielo y añade las rodajas de cítricos y las guindas. Vierte los líquidos encima, acabando con la cerveza de jengibre y la granadina –échala poco a poco para que se hunda en el fondo del ponche y se cree el degradado de color.

SIRVE EN:
PONCHERA O JARRA

CONSEJO Como siempre, utiliza zumo recién exprimido.

FIESTA EN CASA

PONCHE DESIERTO

El delicado tono melocotón de este cóctel cítrico oculta el trasfondo de ron añejo y guindilla. Posee un sabor intenso y complejo que resulta fresco y picante, con un vivo aroma y un pellizco de calor desértico.

INGREDIENTES

1	guindilla	una rodajita
2	ron añejo	60 ml (2 oz)
3	mezcla de zumos de limón y naranja naturales	20 ml (⅔ oz)
4	sirope básico (página 29)	10 ml (⅓ oz)
5	bíteres de naranja y mandarina	unas gotas
6	tira de piel de naranja	para decorar

UTENSILIOS
Majadero, vaso mezclador o coctelera, colador

ELABORACIÓN
Maja la guindilla en un vaso o en la coctelera, añade los líquidos y un poco de hielo y agita hasta que se forme mucha espuma. Cuela en una copa fría y decora con la piel de naranja.

SIRVE EN: COPA POMPADOUR

CONSEJO El ron Havana Club 7 es perfecto, pero un ron especiado lo alegra más.

FIESTA EN CASA

TANGERINE DREAMS

Un montón de tangerinas machacadas flotando en una laguna de tequila, Aperol y soda fría. Delicioso, aromático y adictivo. Este ponche de Aperol, tipo Spritz, es idóneo para las fiestas veraniegas.

INGREDIENTES (PARA 4-6 PERSONAS)

1	Aperol	200 ml (7 oz)
2	tequila reposado	200 ml (7 oz)
3	tangerinas, recién licuadas	7
4	soda	300 ml (10 oz)
5	gajos de tangerina	para decorar

UTENSILIOS
Jarra de vidrio, cuchara coctelera

ELABORACIÓN
Vierte el Aperol, el tequila y el zumo de tangerina en una jarra grande llena de hielo. Remueve antes de agregar la soda y añadir los gajos de tangerina. Agita con cuidado para que se mezcle bien.

SIRVE EN: VASO O TAZA DE PONCHE

CONSEJO
Incorpora medias rodajas de lima para avivar el color.

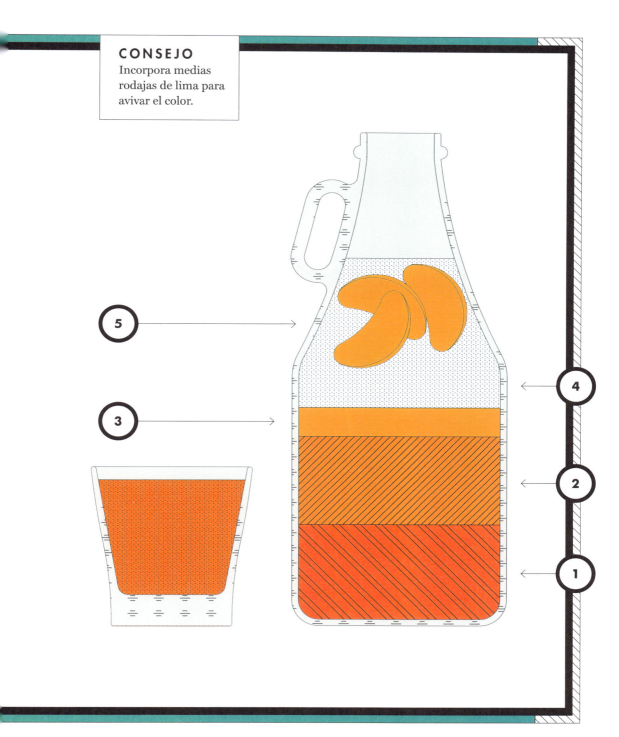

FIESTA EN CASA

THIRSTY COWBOY

Lubrica tu garganta con este cóctel sencillo y llano a base de bourbon y cerveza. Usa un licor oscuro y rancio para conseguir profundidad de sabor, y una cerveza artesana más ligera que fuerte para que nadie se caiga del caballo.

INGREDIENTES

1	bourbon	60 ml (2 oz)
2	zumo de limón, recién exprimido	20 ml (⅔ oz)
3	sirope básico (página 29)	20 ml (⅔ oz)
4	cerveza de calidad, fría	330 ml (11 ¼ oz)
5	rizo de piel de lima	para decorar

UTENSILIOS

Coctelera, colador, cuchara coctelera

ELABORACIÓN

Agita el bourbon, el zumo de limón y el sirope con hielo hasta que se enfríen bien. Cuela en un vaso cervecero, acaba de llenar con cerveza y remueve. Sirve con la piel de lima.

SIRVE EN:
VASO CERVECERO

CONSEJO
Acompáñalo, sí o sí, de un bol de patatas fritas onduladas.

FIESTA EN CASA

RUSSIAN SPRING PUNCH

Los años ochenta metidos en un vaso. El Russian Spring Punch está a la altura del Tequila Sunrise como bebida que personifica una década entera de música pop y cortes de pelo ambiguos. Este combinado tiene la intensidad de las bayas y de la efervescencia del champán.

INGREDIENTES

1	vodka Absolut Raspberri	30 ml (1 oz)
2	zumo de limón, recién exprimido	30 ml (1 oz)
3	Chambord	10 ml (⅓ oz)
4	sirope de agave o básico (página 29)	10 ml (⅓ oz)
5	champán frío	para llenar
6	bayas variadas	para decorar

UTENSILIOS

Coctelera, colador

ELABORACIÓN

Agita vigorosamente los ingredientes (excepto el champán y las bayas) en la coctelera con hielo hasta que quede granizado, y cuela la mezcla en una copa con hielo. Acaba de llenar con champán y decora con bayas variadas.

SIRVE EN: VASO LARGO

CONSEJO
¿Deseas algo más barato? Cambia el champán por prosecco.

FIESTA EN CASA

ICED TODDY

Especiada y con hielo, esta versión helada del clásico Hot Toddy es deliciosa. El té de jazmín le confiere fragancia floral, y el jengibre aporta una nota salvaje.

INGREDIENTES (4 RACIONES)

1	piel de limón y naranja	6 limones, 1 naranja
2	jengibre fresco, pelado y machacado	2-3 rodajas, y más para decorar
3	clavos de olor	5-6
4	ramitas de canela	3-4
5	zumo de limón, recién exprimido	235 ml (8 ⅓ oz)
6	zumo de naranja, recién exprimido	120 ml (4 oz)
7	bolsitas de té de jazmín	3
8	miel	160 ml (5 ⅓ oz)
9	whisky	475 ml (15 ½ oz)
10	tiras de piel de naranja	para servir
11	bíter de cardamomo o naranja	un dedal, para servir

UTENSILIOS

Jarra, colador de malla fina

ELABORACIÓN

Pela la naranja y los limones dejando la piel blanca (reserva un poco para decorar) y añádelos a un cazo con el jengibre chafado, las especias, los zumos, las bolsitas de té y una taza de agua. Lleva a ebullición, retira del fuego y deja reposar unos minutos antes de retirar las bolsitas de té y agregar la miel. Deja templar. Cuela en una jarra llena con dos tazas de hielo y el bourbon. Remueve para que el hielo se derrita y sirve inmediatamente en copas de ponche llenas de hielo, añade un par de gotas de bíter y decora con rodajas de jengibre.

SIRVE EN: HOT TODDY O VASO CORTO

CONSEJO
Sustituye la miel por jarabe de arce o sirope oscuro de agave para una versión vegana.

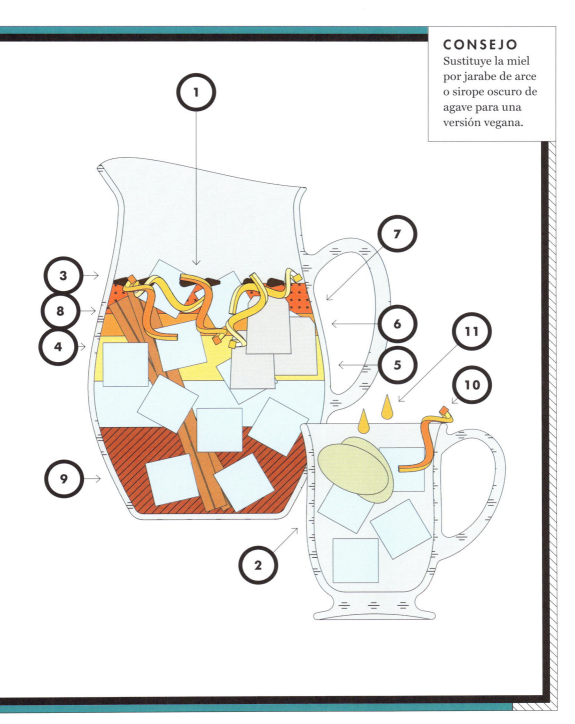

Frescos, largos y con pepino

Para los que no quieren que nunca se acabe: estos deliciosos combinados largos aplacan la sed y atenúan la potencia del alcohol. Todo eso, con un pepino o más.

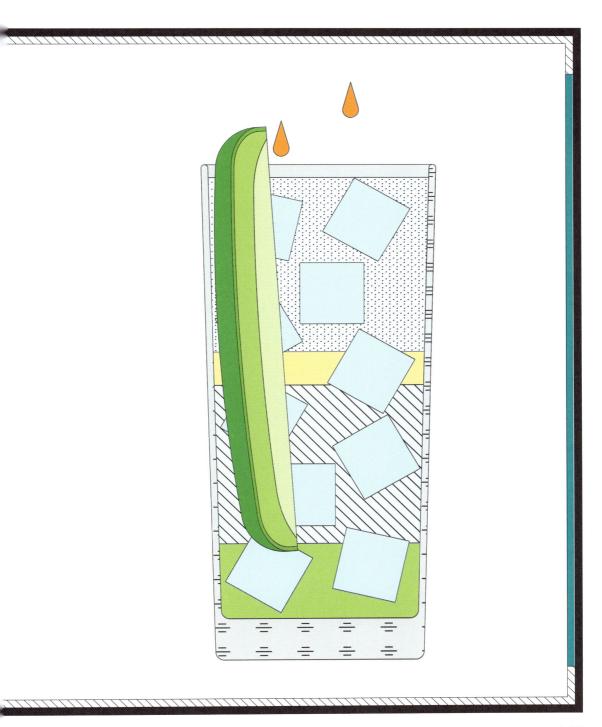

FRESCOS, LARGOS Y CON PEPINO

SMASHED CUCUMBER

El pepino combina genial con la ginebra, y el eneldo aporta una pincelada dulce, incluso algo salada. Sustituye el eneldo por hojas de hinojo o de apio si lo deseas, pero no juegues con el pepino.

INGREDIENTES

1	zumo de pepino, recién licuado	30 ml (1 oz)
2	trozos de pepino	un puñado
3	eneldo fresco	una ramita
4	zumo de lima, recién exprimido	15 ml (½ oz)
5	sirope básico (página 29)	unas gotas
6	ginebra	60 ml (2 oz)
7	soda fría	para llenar
8	bastón de pepino	para decorar

UTENSILIOS

Licuadora –o batidora y colador de malla fino–, majadero

ELABORACIÓN

En el vaso, maja suavemente un puñado de trozos de pepino con el eneldo, el zumo de lima y el sirope. Agrega la ginebra, el zumo de pepino y el hielo, llena hasta arriba con soda y decora con el bastón de pepino.

SIRVE EN:
VASO LARGO

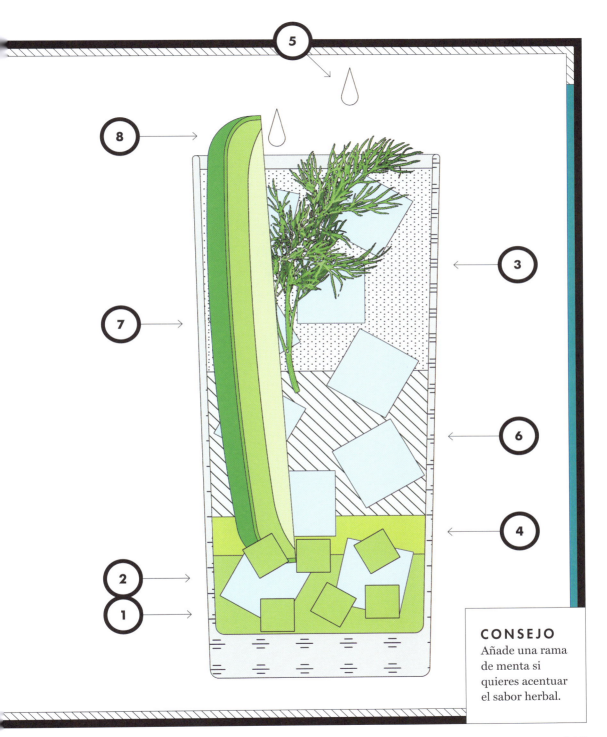

CONSEJO
Añade una rama de menta si quieres acentuar el sabor herbal.

FRESCOS, LARGOS Y CON PEPINO

LIMONADA DE PEPINO

Imagina que preparas una limonada fresca, aromática y apetecible, como las que venden los niños en puestecitos en todo el mundo, y añades a escondidas un chorrito de ginebra: te meterás en el bolsillo a todos los adultos. Y encima, la magia del pepino. De eso va esta bebida.

INGREDIENTES

1	zumo de pepino, recién licuado	30 ml (1 oz)
2	ginebra	60 ml (2 oz)
3	zumo de limón, recién exprimido	15 ml (½ oz)
4	sirope de agave o sirope básico (página 29)	unas gotas
5	bastón de pepino	para decorar
6	soda fría	para llenar

UTENSILIOS

Licuadora –o batidora y colador de malla fina–, coctelera, colador

ELABORACIÓN

Agita la ginebra, el zumo de pepino y el zumo de limón con el sirope y el hielo. Pon un bastón de pepino y cubitos de hielo en un vaso largo, cuela la bebida y viértela en el vaso. Acaba de llenar con soda.

SIRVE EN:
VASO LARGO

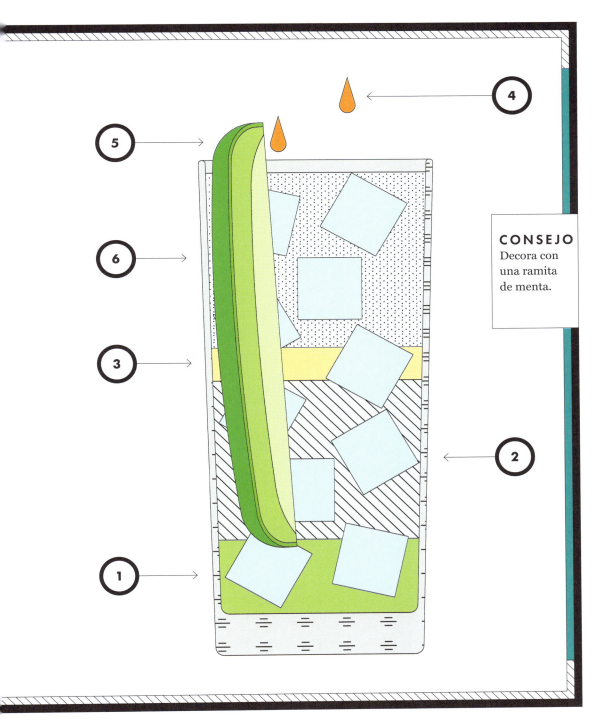

FRESCOS, LARGOS Y CON PEPINO

PINE TIP SODA

Un combinado dulce de soda con aroma de madera de lo más delicioso. Prepara tu propio sirope con brotes verdes de hojas de pino y obtén este cóctel viril con esencia de montañero. El sirope de pino queda perfecto tal cual, pero si prefieres algo más sofisticado, siempre le puedes añadir una rodajita de jengibre.

INGREDIENTES

1	vodka de calidad	60 ml (2 oz)
2	sirope de agujas de pino (ver siropes de sabores, página 31)	30 ml (1 oz)
3	zumo de limón, recién exprimido	15 ml (½ oz)
4	soda fría	para llenar

UTENSILIOS

Coctelera, colador

ELABORACIÓN

Agita el vodka, el sirope y el zumo de limón con el hielo hasta que se forme condensación, y cuela la mezcla en una copa. Acaba de llenarla con soda.

SIRVE EN:
COPA POMPADOUR

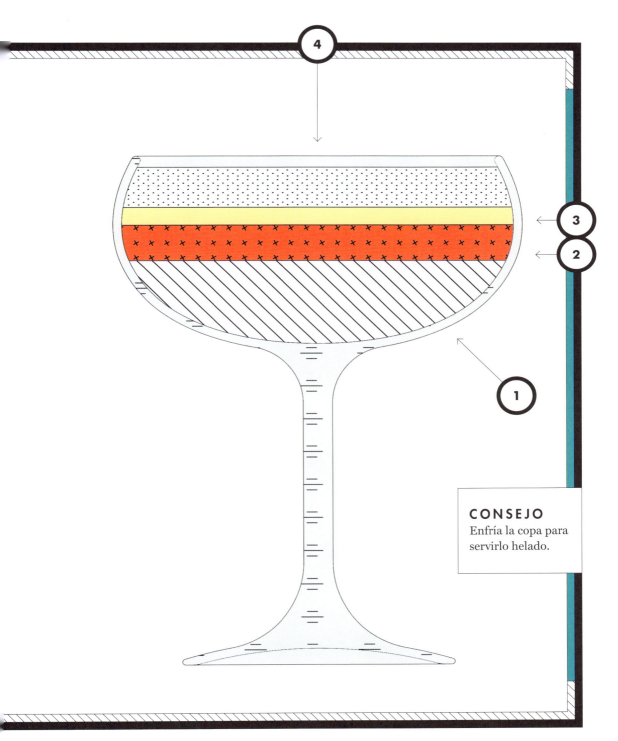

CONSEJO
Enfría la copa para servirlo helado.

FRESCOS, LARGOS Y CON PEPINO

GIN-TONIC PERFECTO

Esta es la bebida más perfecta del mundo. Cada bebedor prepara este cóctel clásico a su manera, pero el secreto es emplear una receta sencilla. Ah, y no olvides potenciar el aroma cítrico con zumo de lima natural y una o dos gotas de bíter de naranja.

INGREDIENTES

1	ginebra	60 ml (2 oz)
2	zumo de lima, recién exprimido	un chorrito
3	un bastón de pepino	para decorar
4	tónica de calidad fría	para llenar
5	bíter de naranja	unas gotas

ELABORACIÓN

Pon la ginebra, el zumo de lima y el pepino en un vaso largo lleno de cubitos de hielo. Acaba de llenar con la tónica y añade unas gotas de bíter de naranja.

SIRVE EN:
VASO LARGO

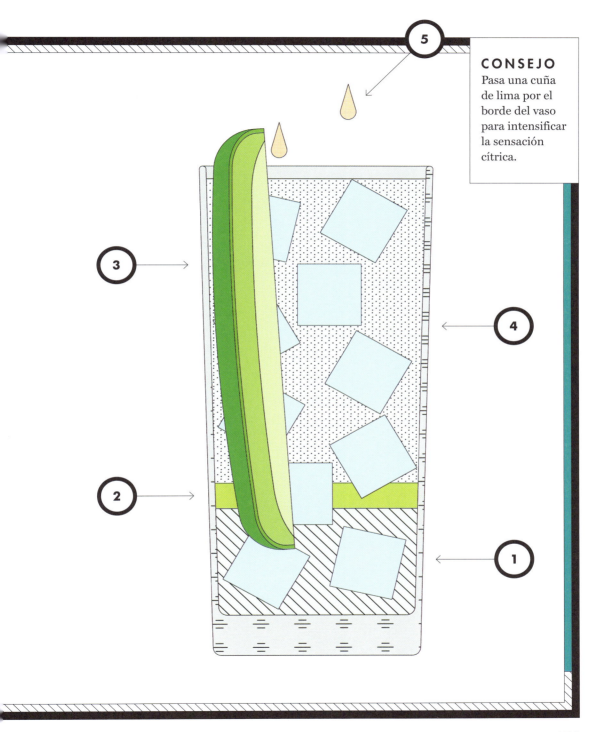

CONSEJO
Pasa una cuña de lima por el borde del vaso para intensificar la sensación cítrica.

FRESCOS, LARGOS Y CON PEPINO

CHIMAYÓ

Este clásico otoñal, creado por el chef Arturo Jaramillo en los años sesenta, se inspiró en las manzanas rojas chimayó, pequeñas y dulces, de Nuevo México. Se trata de una receta sencilla –deliciosamente dulce– pero potente.

INGREDIENTES

1	tequila oro	45 ml (1 ½ oz)
2	zumo de limón, recién exprimido	15 ml (½ oz)
3	crema de casis	7,5 ml (¼ oz)
4	zumo de manzana turbio	90 ml (3 oz)
5	gajo de manzana	para decorar

UTENSILIOS
Cuchara coctelera

ELABORACIÓN
Pon todos los ingredientes (excepto la manzana) en un vaso lleno de hielo hasta la mitad, remueve y decora con el gajo de manzana.

SIRVE EN: VASO LARGO

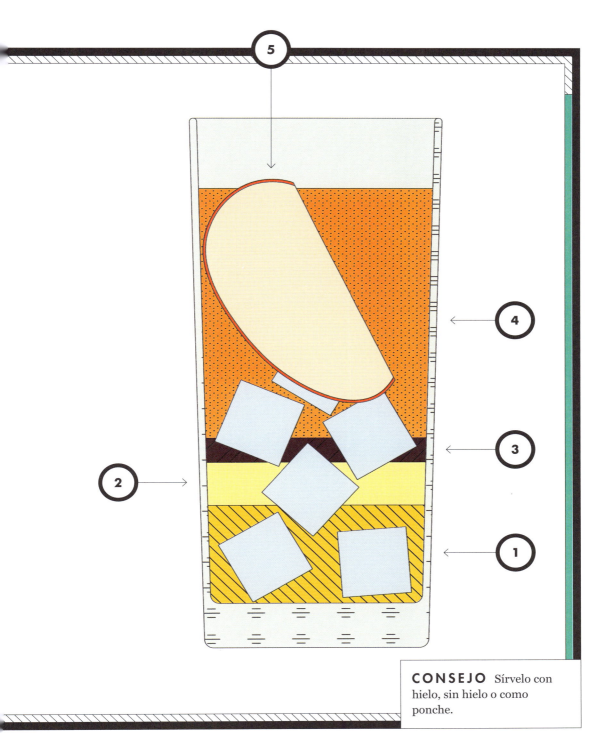

CONSEJO Sírvelo con hielo, sin hielo o como ponche.

FRESCOS, LARGOS Y CON PEPINO

SPRITZ ROSA

Para los que anhelan un Negroni como desayuno –pero les da vergüenza tomar uno a las ocho de la mañana–, esta delicia de tono rosado se prepara con zumo de pomelo para disfrazar el pecado.

INGREDIENTES

1	ginebra	60 ml (2 oz)
2	Aperol	30 ml (1 oz)
3	Campari	15 ml (½ oz)
4	sirope especiado con azúcar moreno (ver siropes de sabores, página 31)	unas gotas
5	zumo de pomelo rosado frío	para llenar

UTENSILIOS

Coctelera

ELABORACIÓN

Agita la ginebra, el Aperol, el Campari y el sirope con hielo. Vierte en una copa y acaba de llenar con el zumo de pomelo.

SIRVE EN:
FLAUTA

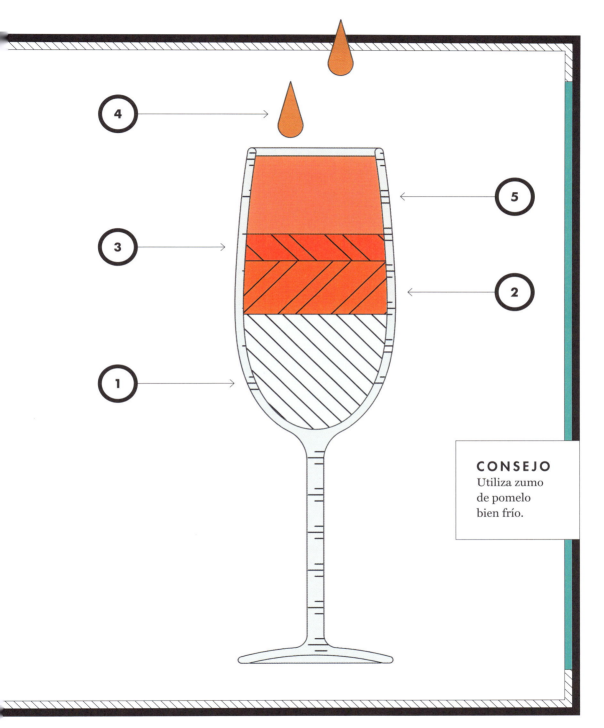

CONSEJO
Utiliza zumo de pomelo bien frío.

FRESCOS, LARGOS Y CON PEPINO

SANGRE DE TIGRE

Una variación del Daiquiri clásico, igualmente fresca y estimulante, pero con un toque oscuro y especiado, y de tono rojo sangre. Utiliza zumo de granada fresca, si es posible (tritura las semillas, sin la piel blanca, y luego cuélalo); la barra de tu bar parecerá ensangrentada como la escena de un crimen, pero vale la pena el estropicio.

INGREDIENTES

1	ron blanco	60 ml (2 oz)
2	zumo de lima, recién exprimido	30 ml (1 oz)
3	zumo de granada, recién exprimido	15 ml (½ oz)
4	sirope casero de anís y chile (ver siropes de sabores, página 31)	15 ml (½ oz)
5	semillas de granada fresca	para decorar

UTENSILIOS

Coctelera y colador, batidora colador de malla fina

ELABORACIÓN

Llena la coctelera de hielo picado, añade el ron, los zumos de lima y granada, y el sirope, y agita con todas tus fuerzas, hasta que se forme espuma. Cuela en una copa fría y decora con las semillas de granada. También puedes echar el hielo y los ingredientes al vaso de la batidora y triturarlos.

SIRVE EN: COPA POMPADOUR

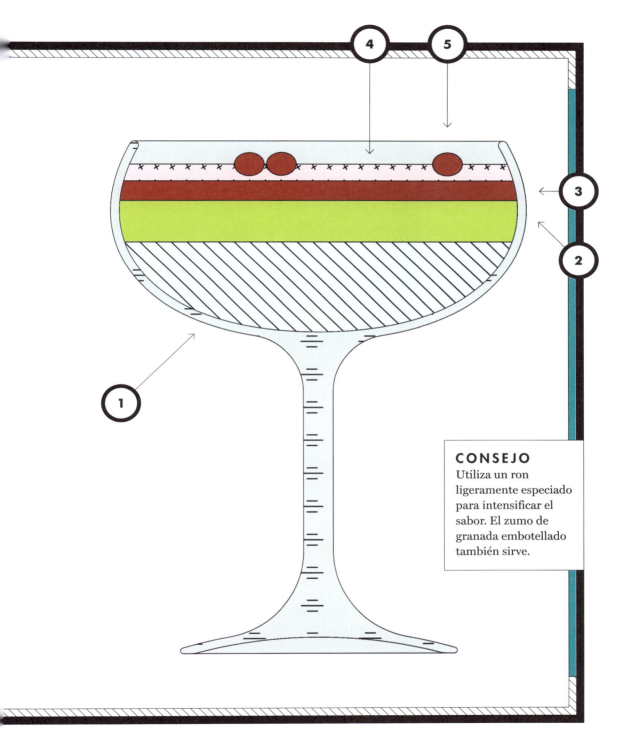

CONSEJO
Utiliza un ron ligeramente especiado para intensificar el sabor. El zumo de granada embotellado también sirve.

FRESCOS, LARGOS Y CON PEPINO

FIZZ HELADO DE SANDÍA

Imagina sandía bien fría triturada en un cóctel helado tipo granizado cargadito de alcohol. Este cóctel incluye tónica para acentuar su viveza. Sírvelo con trozos de sandía empapados en tequila, ¿por qué no?

INGREDIENTES

1	tequila plata	45 ml (1 ½ oz)
2	zumo de lima, recién exprimido	15 ml (½ oz)
3	licor triple seco	15 ml (½ oz)
4	sirope de agave	15 ml (½ oz)
5	trozos de sandía pelada	un puñado
6	tónica	para llenar
7	trozo de sandía	para decorar

UTENSILIOS
Batidora

ELABORACIÓN
Tritura los ingredientes (excepto la tónica y la decoración) con una cucharadita de hielo picado. Vierte la mezcla en un vaso y acaba de llenar con tónica. Decora con un trozo de sandía.

SIRVE EN: VASO LARGO

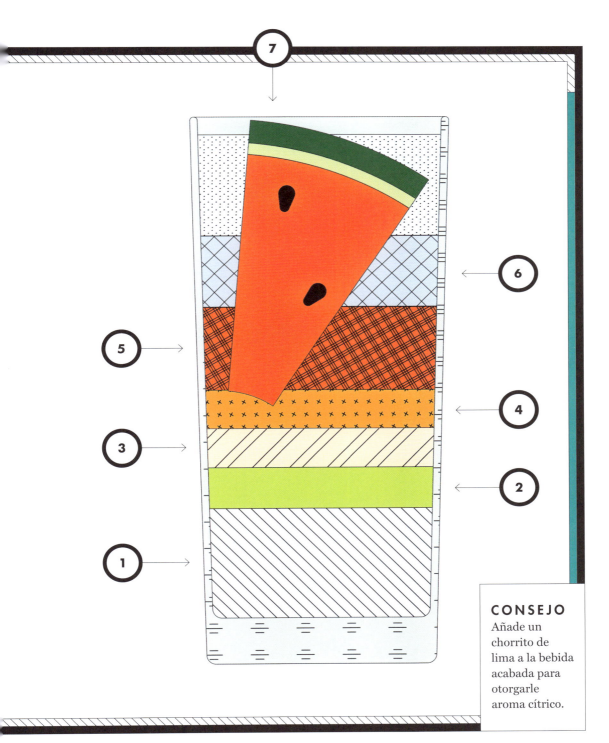

CONSEJO
Añade un chorrito de lima a la bebida acabada para otorgarle aroma cítrico.

Tropicales y exóticos

Es hora de soltar los cocos. ¿Existe un sabor más tropical que el del ron con esta gustosa fruta? Acércate y flipa con el Piña Ombré, dos daiquiris perfectos y más.

TROPICALES Y EXÓTICOS

PIÑA OMBRÉ

Una espectacular combinación de inspiración tiki con sorbete de coco y un tono degradado digno de Pinterest. Este cóctel fresco, cremoso, tipo postre, es un regalo para los ojos: como un aerosol autobronceador comestible que resalta los abdominales y proporciona un acabado reluciente. Nota: esta receta es para dos bebidas o bien una doble para quedarte solo en casa.

INGREDIENTES (PARA 1-2 PERSONAS)

1	ron de coco	90 ml (3 oz)
2	sorbete de coco	1 bola
3	leche de coco o de almendra	250 ml (8 ½ oz)
4	trozos de piña congelada	250 ml (8 ½ oz)
5	granadina	2 gotas

UTENSILIOS
Batidora

ELABORACIÓN
Echa la mitad del ron, el sorbete de coco y la leche de coco o almendra con un puñado de cubitos de hielo a la batidora, tritura y reserva. Luego añade el resto del ron al vaso de la batidora con la piña congelada y tritura. Reserva la mitad de la mezcla, luego agrega unas gotas de granadina al resto de la mezcla y tritura brevemente. Incorpora unas gotas de granadina al vaso (o vasos), luego la mezcla rosada con piña y después la amarilla, hasta que el vaso quede medio lleno. Acaba de llenar con la mezcla blanca.

SIRVE EN:
VASO CORTO

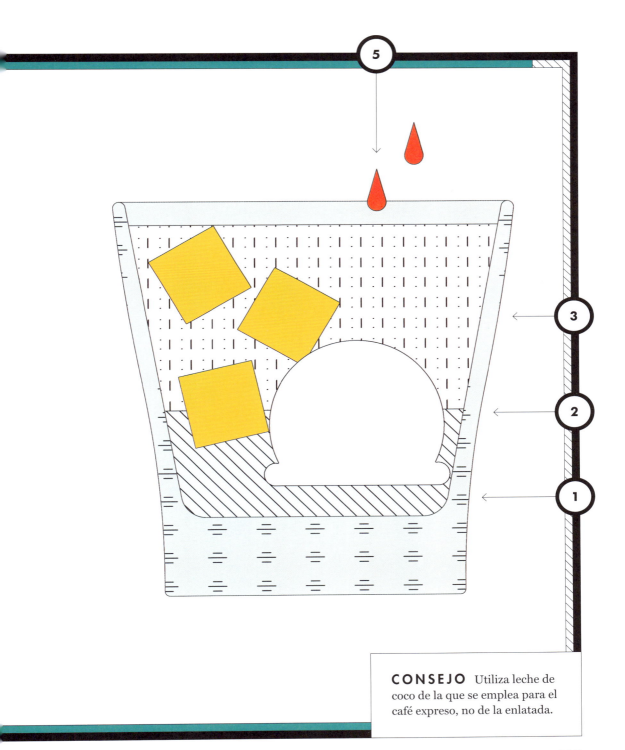

CONSEJO Utiliza leche de coco de la que se emplea para el café expreso, no de la enlatada.

TROPICALES Y EXÓTICOS

BANANAS FOSTER

El icónico postre retro con plátano flambeado –popular en los años ochenta– versionado como cóctel helado con la adición de un trozo de panal. Esta receta es muy fácil pero requiere pasar la potencial vergüenza de comprar licor de plátano (puedes pedirle a un amigo que lo haga por ti). Por lo demás, una delicia.

INGREDIENTES

1	ron oscuro especiado	60 ml (2 oz)
2	licor de plátano	25 ml (¾ oz)
3	plátano mediano	1
4	helado de vainilla de calidad	2 bolas
5	leche de almendras, si lo desea	un chorrito
6	panal de miel	1 trozo (del tamaño de un plátano pequeño), desmenuzado

UTENSILIOS

Batidora

ELABORACIÓN

Echa el ron, el licor de plátano y el helado al vaso de la batidora con algunos cubitos de hielo, y añade un chorrito de leche de almendra si deseas un cóctel más ligero y menos espeso. Agrega parte del panal desmenuzado y tritura brevemente para mezclarlo bien. Sirve en un vaso largo con el plátano y trocitos del panal por encima.

SIRVE EN: VASO LARGO

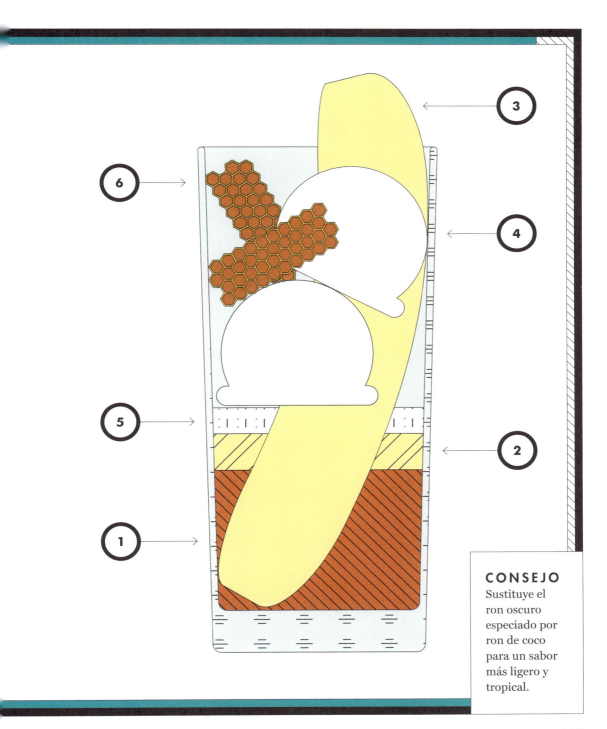

CONSEJO
Sustituye el ron oscuro especiado por ron de coco para un sabor más ligero y tropical.

TROPICALES Y EXÓTICOS

PIÑA COLADA

¿Recuerdas aquellas vacaciones en la playa, de adolescente, cuando aquel cuerpazo de surfista se untaba sus prietas carnes con loción solar de aceite de coco y el corazón se te aceleraba? He aquí aquella sensación, servida en una copa, con la potencia de pegada tropical añadida de la piña natural y al menos tres sombrillitas de papel.

INGREDIENTES

1	trozos de piña natural	un puñado
2	ron blanco	60 ml (2 oz)
3	zumo de piña, recién licuado	60 ml (2 oz)
4	crema de coco	60 ml (2 oz)
5	sirope básico (página 29)	unas gotas
6	rodaja de piña	para decorar

UTENSILIOS

Licuadora o batidora y colador de malla fina

ELABORACIÓN

Pon los trozos de piña y mucho hielo en la batidora. Vierte encima el ron, el zumo de piña y la crema de coco, añade el sirope y tritura hasta obtener un licuado cremoso. Sirve en una copa fría (la clásica es una huracán, pero una Pompadour o un vaso corto sirven) con una pajita, y decora con una cuña de piña fresca y tantas sombrillitas y monos de plástico como te atrevas.

SIRVE EN: COPA HURACÁN, POMPADOUR O VASO CORTO

CONSEJO
Utiliza sirope de jengibre (página 41), más picante, para darle un toque cálido y especiado.

TROPICALES Y EXÓTICOS

DAIQUIRI CLÁSICO DE FRESA

Adorado por recién casados y parejas en San Valentín, el deliciosamente afeminado Daiquiri de Fresa es un cóctel que hay que dominar. La buena noticia es que es uno de los más fáciles de preparar, solo hay que asegurarse de que las fresas sean hermosas, dulces y maduras para dar comienzo al *show*.

INGREDIENTES

1	fresas frescas, maduras	3-4
2	ron blanco	60 ml (2 oz)
3	zumo de lima, recién exprimido	30 ml (1 oz)
4	sirope básico (página 29)	15 ml (½ oz)
5	un trozo de fresa	para decorar

UTENSILIOS

Majadero, vaso mezclador y coctelera, o batidora

ELABORACIÓN

Maja las fresas en el vaso mezclador. Llena la coctelera de hielo picado, añade las fresas, el ron, el zumo de lima y el sirope, y agita con todas tus fuerzas, hasta que se forme espuma. Cuela en una copa fría y decora con un trozo de fresa. También puedes echar el hielo y los ingredientes al vaso de la batidora y triturar para una versión tipo sorbete.

SIRVE EN: COPA POMPADOUR O MARTINI

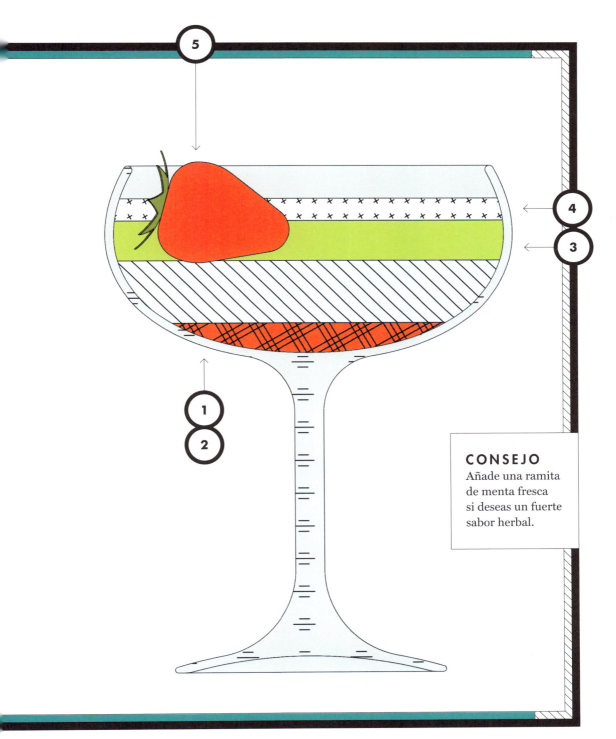

CONSEJO
Añade una ramita de menta fresca si deseas un fuerte sabor herbal.

TROPICALES Y EXÓTICOS

MAI TAI

El cóctel tiki por excelencia. Se dice que es una creación de Victor J. Bergeron y fue la estrella del mítico movimiento tropical tiki de los años cuarenta que se inició en su famoso restaurante y local de moda, el Trader Vic. *Maita'i* significa «bueno» en tailandés. ¿Quiénes somos nosotros para discutirlo? El sirope de horchata proporciona al Mai Tai su agradable sabor a fruto seco.

INGREDIENTES

1	ron añejo	60 ml (2 oz)
2	zumo de lima, recién exprimido	25 ml (¾ oz)
3	curasao de naranja	15 ml (½ oz)
4	sirope básico (página 29)	10 ml (⅓ oz)
5	sirope de horchata	10 ml (⅓ oz)
6	ramita de menta fresca	para decorar
7	cuña de lima	para decorar

UTENSILIOS
Coctelera

ELABORACIÓN
Agita los ingredientes líquidos con hielo hasta que se condensen gotas en la coctelera. Sirve en una copa Pompadour o un vaso corto frío, y decora con una ramita de menta y una cuña de lima.

SIRVE EN: VASO CORTO O COPA POMPADOUR

CONSEJO Añade hielo picado para una alucinante versión estilo granizado.

TROPICALES Y EXÓTICOS

DAIQUIRI DE CEREZA Y TOMILLO

Una combinación herbal, fragante y de color rubí que posee toda la intensidad del Daiquiri pero con un dulzor añadido que equilibra a la perfección las notas cítricas ácidas, acentuadas por el aroma del tomillo fresco. Es como quedar embelesado ante un exuberante huerto de cerezos.

INGREDIENTES

1	ron blanco	60 ml (2 oz)
2	zumo de lima, recién exprimido	15 ml (½ oz)
3	licor Cherry Heering	30 ml (1 oz)
4	sirope básico (página 29)	10 ml (⅓ oz)
5	tomillo fresco	2 ramitas

UTENSILIOS

Coctelera y colador, o batidora

ELABORACIÓN

Llena la coctelera de hielo picado, añade el ron, el zumo de lima, el licor Cherry Heering, el sirope y una ramita de tomillo (hazla rodar entre las palmas de las manos para que suelte su sabor), y agita con todas tus fuerzas, hasta que se forme espuma. Cuela en una copa fría, sirve con una pajita y decora con otra ramita de tomillo. También puedes echar el hielo y los ingredientes (separa algunas hojas de tomillo y desecha el tallo) al vaso de la batidora y triturarlo todo.

SIRVE EN:
COPA HURACÁN

CONSEJO
La fantástica marca danesa de bebidas Peter Heering elabora el rey de los licores de cereza y lo presenta en una agradable botella retro.

De temporada

Adapta tus cócteles a la temporada con bebidas fresquísimas en primavera y verano y preparaciones especiadas para los meses fríos.

DE TEMPORADA

BEACH HOUSE

Este cóctel típico de las islas Barbados es un combinado exótico encubierto. Tiene aspecto de simple gin-tonic, pero lleva agua de coco en lugar de tónica. Fresco y dulce, su sabor engaña acerca de su contenido alcohólico.

INGREDIENTES

1	ginebra	60 ml (2 oz)
2	zumo de lima, recién exprimido	15 ml (½ oz)
3	agua de coco fría	para llenar
4	rodaja de lima	para decorar

UTENSILIOS
Agitador

ELABORACIÓN
Vierte la ginebra y el zumo de lima en un vaso largo con hielo picado. Llena de agua de coco hasta arriba. Sirve con un agitador y decora una rodaja de lima.

SIRVE EN:
VASO LARGO

200

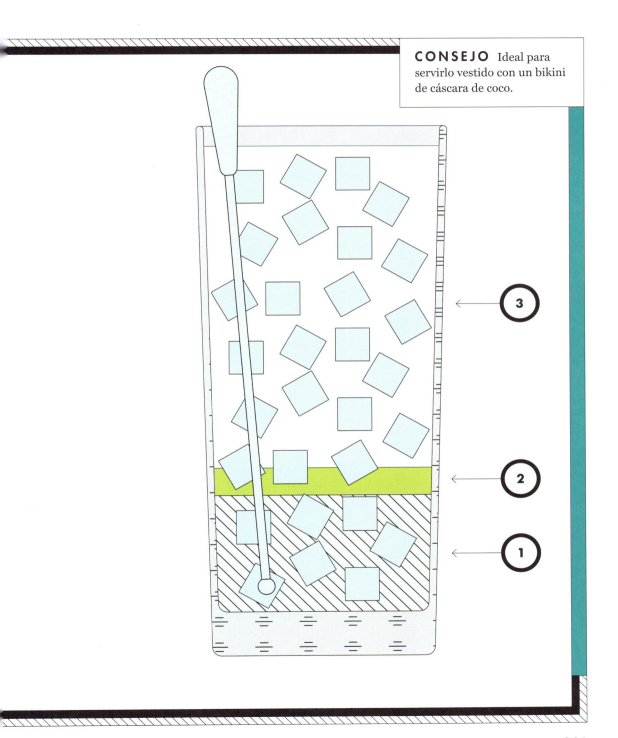

CONSEJO Ideal para servirlo vestido con un bikini de cáscara de coco.

DE TEMPORADA

BOURBON SMASH

Esta receta, simple y refrescante, funciona con ginebra, vodka, tequila y ron, pero resulta ideal con un bourbon consistente. Recuerda que este cóctel requiere una mano suave. Nada de majaderos.

INGREDIENTES

1	hojas de menta	5-6
2	bourbon o whisky de centeno	60 ml (2 oz)
3	sirope básico (página 29)	10 ml (⅓ oz)
4	limón	½, cortado a lo largo
5	amargo de Angostura	un chorrito

UTENSILIOS

Majadero, vaso mezclador, colador

ELABORACIÓN

Chafa con cuidado las hojas de menta con el limón y el sirope en el vaso. Añade el bourbon y cuela en un vaso refrigerado, agrega hielo picado y el amargo, y decora con menta.

SIRVE EN: VASO DE BASE PESADA

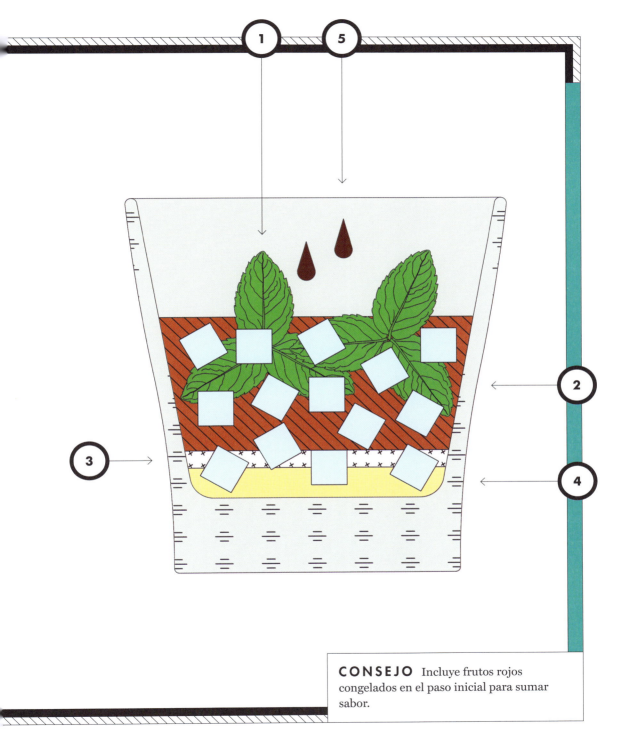

CONSEJO Incluye frutos rojos congelados en el paso inicial para sumar sabor.

DE TEMPORADA

LARGARITA

Cuando se unen dos ingredientes deliciosos surge algo fantástico. La Largarita posee la clásica base de la Margarita culminada con una suave y burbujeante cerveza. Ideal para barbacoas en el jardín.

INGREDIENTES

1	mezcal	60 ml (2 oz)
2	licor de naranja	27,5 ml (¾ oz)
3	zumo de lima, recién exprimido	30 ml (1 oz)
4	cerveza mexicana	120 ml (4 oz)
5	rodaja de lima	para decorar

UTENSILIOS

Coctelera y colador

ELABORACIÓN

Pon el mezcal, el licor de naranja y el zumo de lima en la coctelera llena de hielo. Agita vigorosamente hasta que se condense de frío, cuela en un vaso refrigerado y acaba de llenarlo con cerveza. Decora con una rodaja de lima.

SIRVE EN:
VASO LARGO

CONSEJO
Utiliza Cointreau para conferirle una agradable nota anaranjada.

DE TEMPORADA

MARGARITA HELADA DE MANGO

Los mangos deben ser bien maduros y blandos para que esta receta quede perfecta. El mango es un compañero ideal del tequila, y la sal marina acentúa su sabor.

INGREDIENTES

1	tequila plata	30 ml (1 oz)
2	mango fresco, pelado	½
3	zumo de lima, recién exprimido	30 ml (1 oz)
4	licor triple seco	15 ml (½ oz)
5	sirope de agave	15 ml (½ oz)
6	sal marina	una pizca
7	copos de chile seco	una pizca
8	media rodaja de lima	para decorar

UTENSILIOS

Batidora

ELABORACIÓN

Añade todos los ingredientes (excepto el chile y la lima) al vaso de la batidora junto con una buena cucharada de hielo picado y tritura. Viértelo en la copa, espolvorea con el chile y decora con la lima.

SIRVE EN:
COPA MARGARITA
O DE VINO

CONSEJO
Rebaja la cantidad de sirope de agave si deseas una Margarita más ácida.

DE TEMPORADA

SOUR DE GRANADA

La granada es un básico que aporta rotundidad y un punto de acidez natural a esta aromática y sabrosa receta. Con vodka de vainilla y zumo de granada a partes iguales, añadiendo zumo de limón y unas gotas de sirope de jengibre, obtendrás la bebida perfecta para los fanáticos de la fruta.

INGREDIENTES

1	vodka de vainilla	30 ml (1 oz)
2	zumo de granada	30 ml (1 oz)
3	zumo de lima, recién exprimido	15 ml (½ oz)
4	sirope de jengibre (ver siropes de sabores, página 31)	15 ml (½ oz)
5	semillas de granada	para decorar

UTENSILIOS

Coctelera, colador

ELABORACIÓN

Agita vigorosamente los ingredientes líquidos con hielo hasta formar un granizado uniforme y cuela la mezcla en una copa. Decora con semillas de granada.

SIRVE EN:
COPA MARTINI
O POMPADOUR

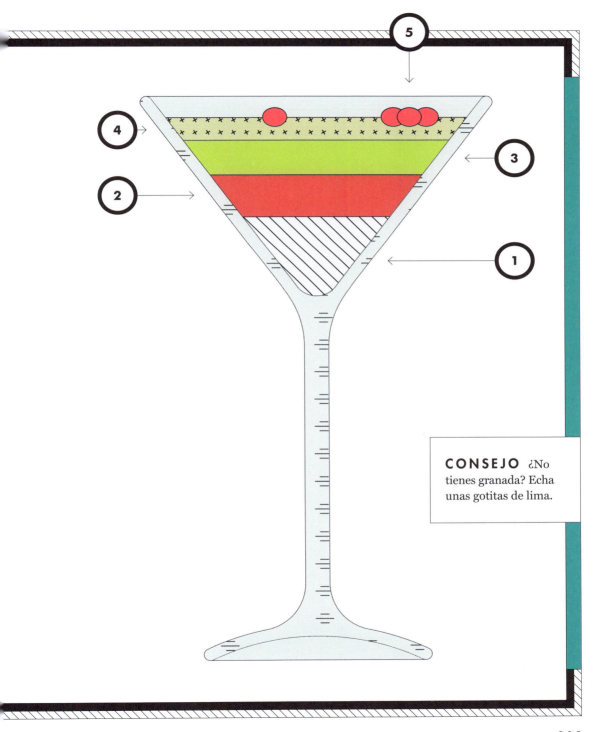

CONSEJO ¿No tienes granada? Echa unas gotitas de lima.

DE TEMPORADA

APPLETINI

Este Martini de manzana, de sabor fresco, combina dulzura y acidez con un equilibrio perfecto. Emplea un zumo de manzana turbio de calidad, o uno transparente si deseas que la bebida tenga un aspecto menos casero.

INGREDIENTES

1	vodka de calidad	60 ml (2 oz)
2	licor de manzana	40 ml (1 ½ oz)
3	zumo de limón, recién exprimido	30 ml (1 oz)
4	zumo de manzana turbio	15 ml (½ oz)
5	bíter de jengibre	2 gotas

UTENSILIOS

Coctelera, colador

ELABORACIÓN

Agita vigorosamente el vodka, el licor de manzana y los zumos de limón y de manzana en una coctelera con hielo. Cuélalo todo en una copa y echa un par de gotas de bíter de jengibre.

SIRVE EN:
COPA MARTINI
O POMPADOUR

DE TEMPORADA

SUNBURN

Este cóctel de color rubí posee un punto seco, para adultos, acentuado con el zumo de arándano rojo y naranja sanguina, y suavizado con tequila dorado. Es ideal como bebida para tomar sola.

INGREDIENTES

1	tequila oro	37 ½ ml (1 ¼ oz)
2	licor de naranja	15 ml (½ oz)
3	zumo de naranja sanguina, recién exprimido	60 ml (2 oz)
4	zumo de arándano rojo	60 ml (2 oz)
5	media rodaja de naranja sanguina	para decorar

UTENSILIOS

Cuchara coctelera

ELABORACIÓN

Pon todos los ingredientes (excepto la decoración) en un vaso lleno de hielo. Remueve bien y añade la media rodaja de naranja sanguina.

SIRVE EN: VASO LARGO

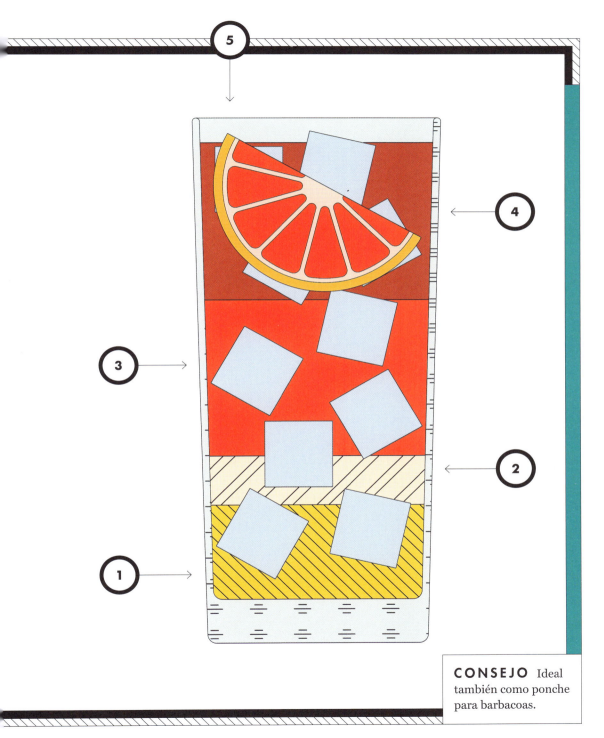

CONSEJO Ideal también como ponche para barbacoas.

DE TEMPORADA

PINE FOREST

Con las hojas tiernas de pino –las agujas dulces, aromáticas, de color verde claro– se hace un delicioso sirope casero. Mézclalo con ginebra y con leche de almendras fría y obtendrás un cóctel delicioso de aroma dulce.

INGREDIENTES

1	ginebra	60 ml (2 oz)
2	leche de almendras	60 ml (2 oz)
3	sirope de pino casero (ver siropes de sabores, página 31)	30 ml (1 oz)
4	hojas de pino	para decorar

UTENSILIOS
Coctelera

ELABORACIÓN
Agita los ingredientes con hielo, vierte en una copa y sirve con unos brotes frescos.

SIRVE EN: COPA POMPADOUR

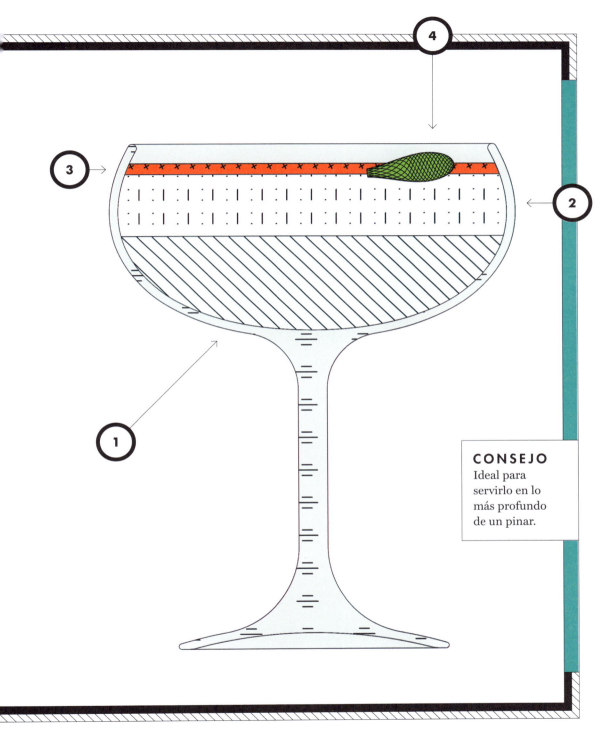

CONSEJO
Ideal para servirlo en lo más profundo de un pinar.

DE TEMPORADA

BRAMBLE

Imagina un seto otoñal inglés licuado en un vaso. Este cóctel fresco y herbal adornado con bayas es ideal con hielo picado o bien puede alargarse con soda fría.

INGREDIENTES

1	moras frescas	un puñado
2	ginebra	60 ml (2 oz)
3	zumo de limón, recién exprimido	15 ml (½ oz)
4	sirope básico (página 29)	un chorrito
5	licor de moras	un chorrito
6	moras frescas	para decorar
7	ramita de menta fresca	para decorar

UTENSILIOS

Majadero

ELABORACIÓN

Maja suavemente las moras frescas con la ginebra, el zumo de limón y el sirope en un vaso. Añade hielo picado y un buen chorrito de licor de moras. Decora con las moras frescas y la menta.

SIRVE EN: VASO CORTO O LARGO

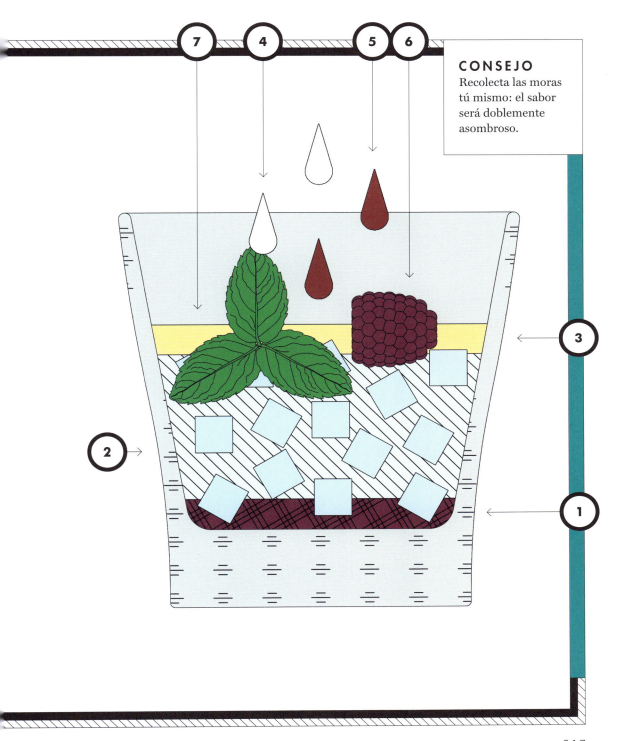

DE TEMPORADA

SHERBET SNOW

Los antiguos reyes persas bebían su sorbete –un lujoso zumo de fruta endulzado– con nieve de la montaña. Esta versión contemporánea es un poco más fiable (¿alguien quiere un poco de nieve amarilla?): con la acidez de la lima, el dulzor de la miel y el mágico toque aromático del azahar.

INGREDIENTES

1	ron blanco	60 ml (2 oz)
2	Cointreau	15 ml (½ oz)
3	zumo de lima, recién exprimido	15 ml (½ oz)
4	sorbete de limón	120 ml (4 oz)
5	agua de azahar	2 gotas
6	miel, con unas gotas de agua caliente	15 ml (½ oz)
7	piel de lima, rallada fina	para decorar

UTENSILIOS

Coctelera

ELABORACIÓN

Agita los ingredientes líquidos y el sorbete con hielo y viértelo en una copa fría. Mezcla el agua caliente con la miel para que esta se diluya, luego viértela sobre la bebida. Añade la piel de lima para decorar.

SIRVE EN: COPA POMPADOUR

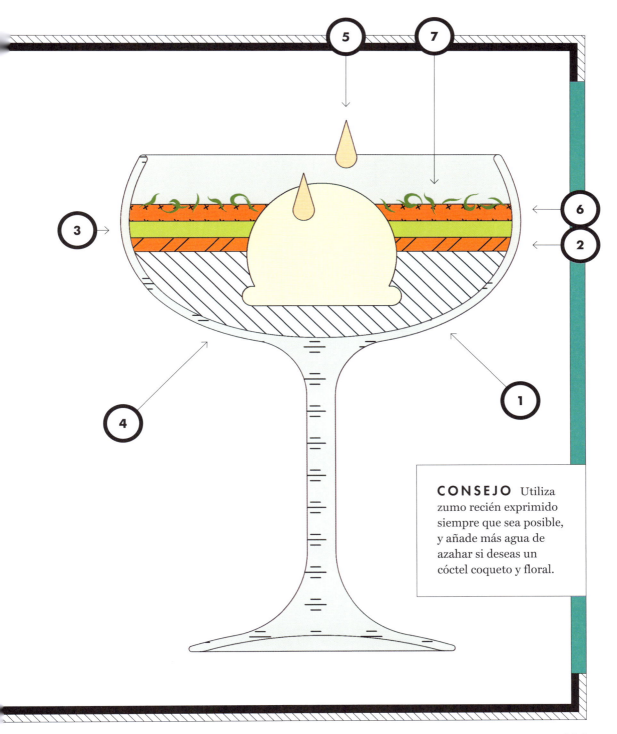

CONSEJO Utiliza zumo recién exprimido siempre que sea posible, y añade más agua de azahar si deseas un cóctel coqueto y floral.

DE TEMPORADA

THE RUDOLPH

Ginebra, licor de saúco y champán frío: un cóctel perfecto para las fiestas navideñas, con una hilera de narices rojas, como la del reno Rudolph, para más sensiblería. Queda fenomenal en una copa Martini o Pompadour.

INGREDIENTES

1	ginebra	60 ml (2 oz)
2	licor de saúco St Germain	30 ml (1 oz)
3	champán frío	para llenar
4	grosellas rojas frescas	para decorar

ELABORACIÓN

Vierte la ginebra y el licor de saúco en la copa refrigerada, llena hasta arriba de champán y decora con una hilera de grosellas rojas frescas.

SIRVE EN: COPA POMPADOUR O MARTINI

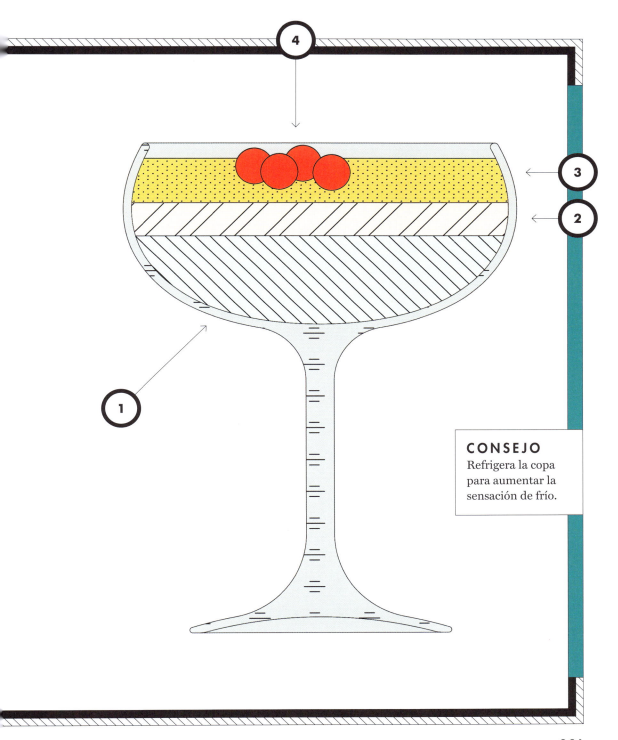

CONSEJO
Refrigera la copa para aumentar la sensación de frío.

De la cena a la madrugada

Digestivos para después de cenar o reconstituyentes unas horas después. ¿No te cabe el postre? Prepara el Martini Espresso definitivo, un Grasshopper o un White Russian de almendra. Dulcísimos.

DE LA CENA A LA MADRUGADA

EL MARTINI ESPRESSO DEFINITIVO

La versión lujosa de este legendario cóctel se prepara con el delicioso licor de tequila al café, de la marca Patrón en lugar de Kahlúa, y con bíter de chocolate. Ambos le otorgan un aroma arrebatador.

INGREDIENTES

1	vodka de primera	60 ml (2 oz)
2	licor de café Patrón XO	50 ml (1 ¾ oz)
3	café expreso frío	50 ml (1 ¾ oz)
4	bíter de chocolate	3 gotas

UTENSILIOS

Coctelera, colador

ELABORACIÓN

En una coctelera con hielo agita el vodka, el Patrón y el café, luego cuela la mezcla en una copa refrigerada y añade el bíter de chocolate.

SIRVE EN:
COPA MARTINI
O POMPADOUR

CONSEJO
Sírvelo después de la cena en un vaso corto con hielo.

DE LA CENA A LA MADRUGADA

GRASSHOPPER

El típico cóctel de postre, a base de licor de chocolate con menta, típico en las fiestas de Halloween, tan apreciado por las *drag queens* (cuando se acaban los daiquiris, claro). Dicen que este combinado de color verde teleñeco lo creó en 1918 Philip Guichet, del bar Tujague, de Nueva Orleans. A sus pies, caballero.

INGREDIENTES

1	vodka	25 ml (¾ oz)
2	nata fresca	25 ml (¾ oz)
3	licor de menta	15 ml (½ oz)
4	licor de cacao blanco	15 ml (½ oz)
5	chocolate rallado	para decorar

UTENSILIOS

Coctelera, colador

ELABORACIÓN

Agita los líquidos en la coctelera con hielo y cuela la mezcla en la copa. Decora con un poco de chocolate rallado.

SIRVE EN: COPA MARTINI O POMPADOUR

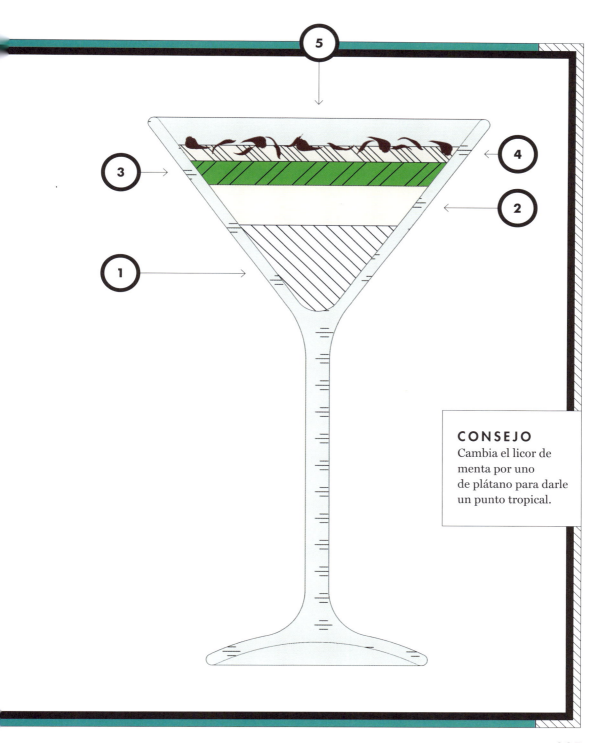

CONSEJO
Cambia el licor de menta por uno de plátano para darle un punto tropical.

DE LA CENA A LA MADRUGADA

OLD FASHIONED ESPRESSO

Este es el refinado y adulto hermano mayor del Martini Espresso. Potente y simple a partes iguales. Un café expreso de cafetería recién hecho eleva esta bebida revitalizante hasta lo más alto, aunque un cafecito normal ya da el pego. El centeno aporta una nota brutal, y un bourbon acaramelado o un whisky mezclado le van perfectamente.

INGREDIENTES

1	café expreso (uno doble, más o menos), a temperatura ambiente	60 ml (2 oz)
2	bourbon o whisky de centeno	30 ml (1 oz)
3	sirope básico (página 29)	10 ml (⅓ oz)
4	bíter Peychaud	un chorrito
5	tira de piel de limón	para decorar

UTENSILIOS

Vaso mezclador, cuchara coctelera, colador

ELABORACIÓN

Añade los líquidos al vaso y remueve con hielo hasta que se condensen gotas en el exterior. Cuela en un vaso con hielo, exprime la piel de limón sobre la bebida y deséchala.

SIRVE EN: VASO DE BASE PESADA

CONSEJO ¿No hay Peychaud? Usa bíter de base especiada, como el de cardamomo o anís.

DE LA CENA A LA MADRUGADA

LICK DRINK BITE

Una de las maneras más habituales de tomar tequila, si bien muchos lo hacen al revés. Se trata de lamer la sal (*lick*), tomar el tequila (*drink*) y morder la fruta (*bite*). Congela el tequila para conseguir un chupito helado y de sabor menos fuerte.

INGREDIENTES

1	tequila oro	30 ml (1 oz)
2	sal marina	una buena pizca
3	media rodaja de lima o naranja sanguina	1 por chupito

ELABORACIÓN

Sirve un chorrito de tequila en un vaso de chupito. Ponte un poco de sal en el dorso de la mano. Primero, lame la sal; luego, traga el tequila, y finalmente, chupa la lima.

SIRVE EN:
VASO DE CHUPITO

DE LA CENA A LA MADRUGADA

WHITE RUSSIAN DE ALMENDRA

Para obtener la mejor versión de este sugerente White Russian sustituimos la nata por leche de almendras. Asegúrate de que el vodka haya salido directo del congelador, y la leche del frigorífico. Sírvelo como postre o, ¿por qué no?, en lugar del café con leche matutino.

INGREDIENTES

1	vodka de vainilla muy frío	30 ml (1 oz)
2	licor de café Kahlúa	30 ml (1 oz)
3	leche de almendras fría	125 ml (4 oz)

ELABORACIÓN

Añade el vodka y el licor de café a un vaso corto con un gran cubito de hielo, y vierte poco a poco la leche de almendras para crear un efecto degradado.

SIRVE EN:
VASO CORTO

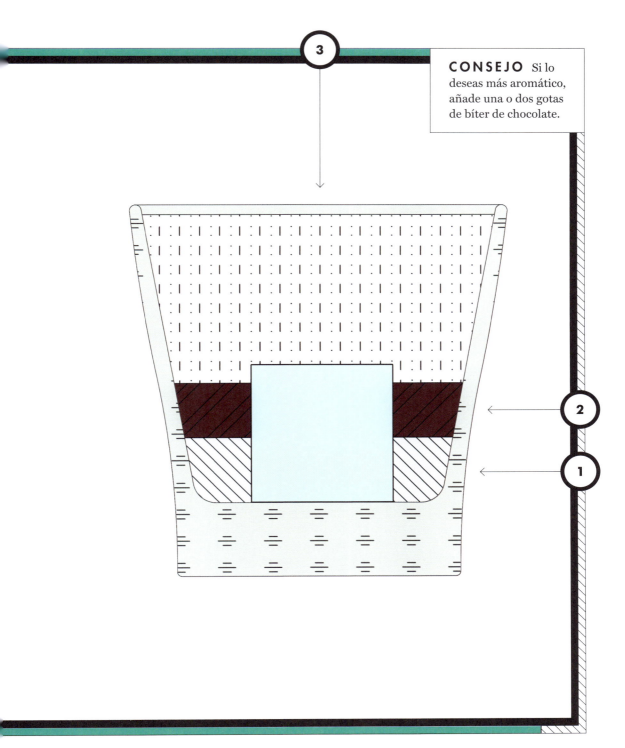

CONSEJO Si lo deseas más aromático, añade una o dos gotas de bíter de chocolate.

DE LA CENA A LA MADRUGADA

FROZEN COSMO

Algunos afirman que el Frozen Cosmo es igual que el clásico cóctel de arándanos rojos pero con otra textura; otros lo llaman «sorbete de chica», pero, lo llames como lo llames, es delicioso. Para obtener una textura sedosa, emplea una batidora de gran potencia y hielo picado (no cubitos).

INGREDIENTES

1	vodka Absolut Citron	45 ml (1 ½ oz)
2	Cointreau	15 ml (½ oz)
3	zumo de arándanos rojos	30 ml (1 oz)
4	zumo de lima, recién exprimido	15 ml (½ oz)
5	rodaja de lima	para decorar

UTENSILIOS
Batidora

ELABORACIÓN
Añade los ingredientes líquidos al vaso de la batidora con hielo picado y tritura hasta lograr una textura granizada. Viértelo en un vaso largo, o en un vaso o bol de ponche, y agrega un poco más de zumo de arándanos para diluir. Decora con la rodaja de lima.

SIRVE EN: VASO LARGO O DE PONCHE, BOL DE PONCHE O LO QUE SEA

CONSEJO
Sirve con una pajita de papel ancha para ir sorbiendo.

DE LA CENA A LA MADRUGADA

MARTINI ESPRESSO

Combustible energético total. Este clásico es la copa revitalizante para los que dicen que tienen clase de Pilates por la mañana y han de retirarse pronto. Sírveles un Martini Espresso después de la cena y mira cómo bailan claqué sobre la mesa hasta el amanecer.

INGREDIENTES

1	vodka de primera	60 ml (2 oz)
2	licor de café Kahlúa	50 ml (1 ¾ oz)
3	café expreso frío	50 ml (1 ¾ oz)
4	granos de café	para decorar

UTENSILIOS

Coctelera, colador

ELABORACIÓN

Agita los ingredientes líquidos en la coctelera con hielo, y cuela la mezcla en una copa refrigerada. Decora con 2-3 granos de café.

SIRVE EN: COPA MARTINI O POMPADOUR

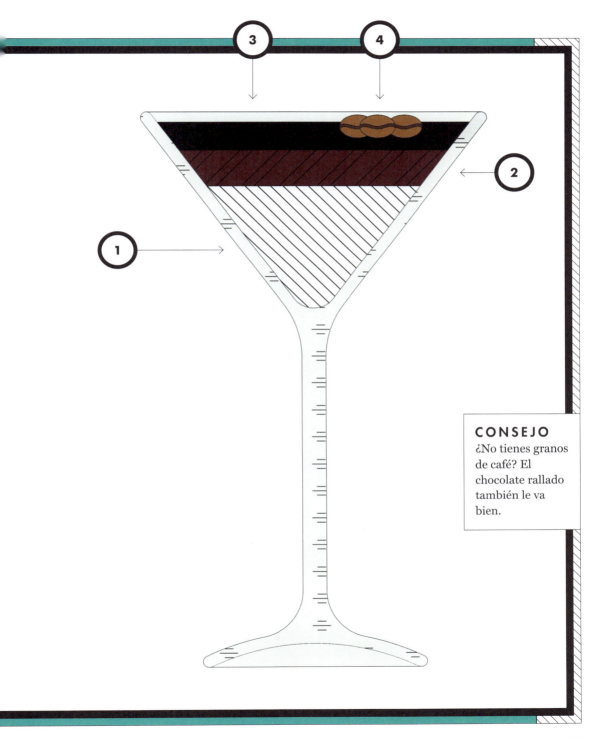

CONSEJO
¿No tienes granos de café? El chocolate rallado también le va bien.

DE LA CENA A LA MADRUGADA

FRENCH MARTINI

El sedoso y dulce French Martini, con aroma de bayas, ya es todo un clásico. Utiliza licor Chambord para lograr un sabor más auténtico, y zumo de piña fresco o de calidad. Luego agita bien la mezcla hasta formar espuma. Si optas por un vodka de vainilla, el resultado será aún más afrancesado.

INGREDIENTES

1	vodka de primera	30 ml (1 oz)
2	Chambord	30 ml (1 oz)
3	zumo de piña	30 ml (1 oz)

UTENSILIOS

Coctelera, colador

ELABORACIÓN

Agita vigorosamente los ingredientes con hielo y cuela la mezcla en una copa.

SIRVE EN: COPA MARTINI O POMPADOUR

CONSEJO
Si lo deseas más aromático, añade una gota o dos de bíter de frambuesa.

Ponches calientes y bebidas cálidas

Sube la temperatura con una bebida invernal tan aromática como el mazapán y que podría competir con un vino especiado, o con un clásico mantecoso. Ya hace más calor, ¿no?

PONCHES CALIENTES Y BEBIDAS CÁLIDAS

PONCHE ESPECIADO DE PERA Y JENGIBRE

Muchos de nosotros tomamos unos litros de más de vino caliente especiado cada Navidad. Esta receta con pera, jengibre y manzana es perfecta y resulta un combinado con más clase.

INGREDIENTES (PARA 10 PERSONAS)

1	vino de jengibre Stone's	250 ml (8 ½ oz)
2	zumo de manzana turbio	1,5 litros (2 ½ pintas)
3	zumo de lima, recién exprimido	250 ml (8 ½ oz)
4	peras maduras, en láminas	1-2
5	trozo de jengibre, en rodajas finas	5 cm
6	vainas de cardamomo, abiertas	4
7	anís estrellado, abierto	1
8	ramitas de canela	2
9	azúcar demerara (crudo)	2 cucharadas
10	ron especiado	250 ml (8 ½ oz)

UTENSILIOS

Cazo, cucharón

ELABORACIÓN

Lleva todos los ingredientes (excepto el ron) a ebullición y deja hervir suavemente hasta que se disuelva el azúcar. Añade 25 ml de ron en cada vaso, vierte el zumo caliente y las peras, y sirve.

SIRVE EN:
VASO O TAZA
RESISTENTE AL CALOR

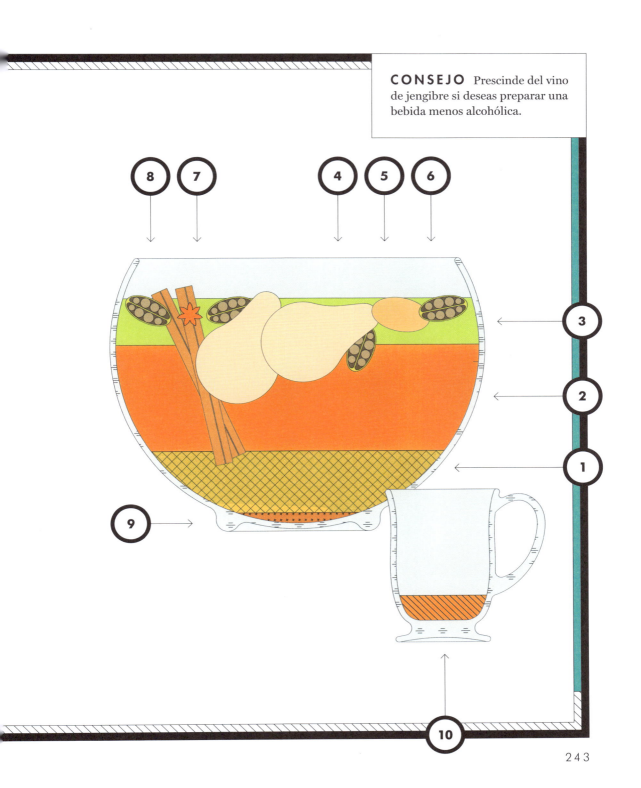

PONCHES CALIENTES Y BEBIDAS CÁLIDAS

RON CON MANTEQUILLA

Un clásico cuando hace frío que calienta todo el cuerpo hasta rincones que uno mismo desconocía. Colar el líquido ayuda a distribuir la mantequilla y retirar los ingredientes sólidos, y el bíter de cardamomo aporta un aroma embriagador. A por la mantequilla.

INGREDIENTES

1	azúcar demerara (crudo)	2 cucharaditas
2	mantequilla sin sal	2 cucharaditas
3	bíter de cardamomo	unas gotas
4	canela en polvo	una pizca
5	nuez moscada, recién rallada	una pizca
6	clavos de olor	3
7	ron especiado	60 ml (2 oz)
8	nuez moscada, recién rallada	para decorar

UTENSILIOS

Cazo, colador de malla fina

ELABORACIÓN

Pon todos los ingredientes (excepto el ron y la nuez moscada) en un cazo pequeño a fuego lento y remueve hasta que la mantequilla y el azúcar se derritan y se forme un sirope. Retira del fuego, incorpora el ron, remueve y cuela con un colador de malla fina. Sirve espolvoreado con nuez moscada.

SIRVE EN: VASO RESISTENTE AL CALOR

CONSEJO Utiliza tazas de café o té si no dispones de vasos resistentes al calor o, si estás solo, usa tu taza vieja preferida.

PONCHES CALIENTES Y BEBIDAS CÁLIDAS

CHOCOLATE MEXICANO

Este chocolate a la taza con alcohol es dulce y rico, y posee un toque picante y un aroma embriagador. El cardamomo no es, claro está, un sabor particularmente mexicano, pero resulta un añadido delicioso.

INGREDIENTES

1	leche	200-250 ml (7-9 oz)
2	chocolate negro	3 onzas
3	cacao en polvo	1 cucharada
4	azúcar moreno	1 cucharadita
5	vaina de cardamomo, chafada	1
6	cayena molida	una pizca
7	mezcal	60 ml (2 oz)
8	nata montada	para decorar
9	chocolate rallado	para decorar

UTENSILIOS

Cazo

ELABORACIÓN

Calienta la leche en un cazo y añade el chocolate, el cacao, el azúcar, el cardamomo y la cayena. Sigue calentándolo hasta que todos los ingredientes se mezclen bien. Vierte el mezcal en una taza y agrega el chocolate caliente. Decora con la nata montada y el chocolate rallado (y más cayena, si lo deseas).

SIRVE EN: TAZA

CONSEJO
Utiliza un buen chocolate negro si es posible; sin lugar a dudas lo agradecerás cuando pruebes el resultado.

PONCHES CALIENTES Y BEBIDAS CÁLIDAS

HOT RUM TODDY

Este es el tipo de bebida que el abuelo preparaba cuando uno estaba enfermo de niño, pero entonces la abuela lo pillaba y se la quitaba de las manos. Las misteriosas propiedades curativas del alcohol caliente tal vez sean materia de debate, pero lo cierto es que sabe bien. Como dirían nuestros abuelos: «¡Esto te hará crecer pelo en el pecho!».

INGREDIENTES

1	ron especiado	90 ml (3 oz)
2	miel líquida	4 cucharadas
3	zumo de limón, recién exprimido	15 ml (½ oz)
4	tira larga de piel de naranja	1
5	bíter de cardamomo	unas gotas
6	nuez moscada	ralladura
7	ramita de canela	para decorar

UTENSILIOS

Cuchara coctelera

ELABORACIÓN

Pon el ron, la miel, el zumo de limón, la piel de naranja, el bíter y la nuez moscada en una taza resistente al calor. Acaba de llenarla con agua hirviendo y remueve hasta que se disuelva la miel. Añade la ramita de canela y sirva.

SIRVE EN: TAZA DE CRISTAL RESISTENTE AL CALOR

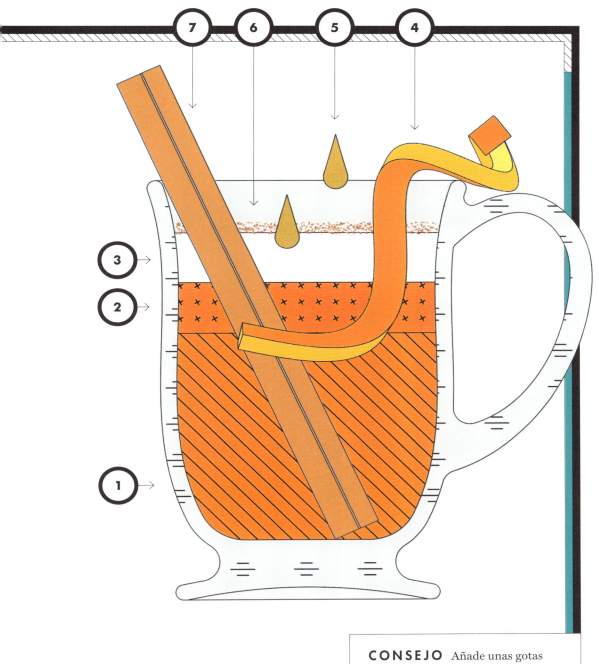

CONSEJO Añade unas gotas de licor de jengibre si te sientes especialmente pachucho.

249

PONCHES CALIENTES Y BEBIDAS CÁLIDAS

PONCHE DICKENS

No todo va de refrescarse y saciar la sed en verano: el ponche caliente con ginebra es ideal para entrar en calor en invierno y posee historia literaria. Esta receta es parecida a la del ponche con que Mr. Micawber, el personaje de Charles Dickens en *David Copperfield*, coge el puntillo.

INGREDIENTES (10-12 PERSONAS)

1	ginebra de calidad	750 ml (24 fl oz/3 tazas)
2	vino de Madeira	750 ml (24 fl oz/3 tazas)
3	clavos de olor enteros	unos cuantos
4	nuez moscada rallada	una pizca
5	canela molida	una buena pizca
6	sirope de azúcar moreno (ver siropes de sabores, página 31)	unas gotas
7	zumo de limón, recién exprimido	90 ml (3 oz)
8	rodajas de limón	para decorar
9	trozos de piña	1 piña pequeña
10	miel	4 cucharadas

UTENSILIOS

Cazo de base gruesa

ELABORACIÓN

Incorpora todos los ingredientes en el cazo y calienta suavemente durante unos 30 minutos, añadiendo un poco más de miel o limón al gusto. El sabor se intensifica con el tiempo de cocción. Sírvelo en tazas de ponche, o llena una tetera con el ponche si lo deseas.

SIRVE EN: TAZAS DE PONCHE RESISTENTES AL CALOR

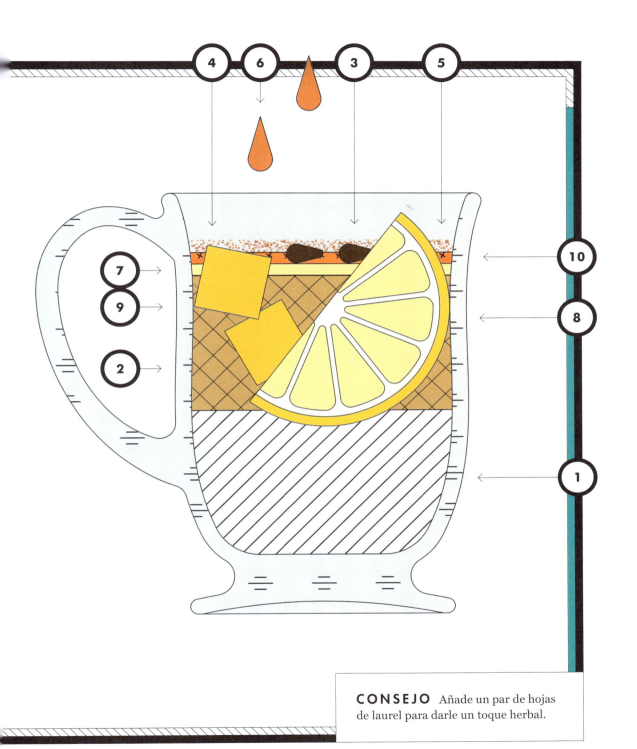

CONSEJO Añade un par de hojas de laurel para darle un toque herbal.

251

ÍNDICE ALFABÉTICO

aceitunas: Dirty Martini 54-55
agua de azahar
    Reina Madre 124-125
    Sherbet Snow 218-219
agua de coco
    Beach House 200-201
    Ponche de coco y ron 154-155
agua de rosas
    Cherry French 75: 96-97
    Ramos Gin Fizz con ruibarbo y rosa 80-81
amargo de angostura 27, 164-165
    Bourbon Smash 202-203
    Cerezade 136-137
    Juan Collins 64-65
    Manhattan 50-51
    Old Fashioned 52-53
    Reina Madre 124-125
    Sazerac 68-69
Aperitivo americano 126-127
Aperol
    El nuevo clásico Spritz 88-89
    Pink Gin Spritz 178-179
    Spiced Ginger Negroni 76-77
    Tangerine Dreams 158-159
Appletini 210-211
aromas 25
aspecto 25
azúcar, véase siropes

Bananas Foster 188-189
Beach House 200-201
biter cítrico: Sea Breeze 66-67
bíter de cardamomo
    Hot Rum Toddy 248-249
    Iced Toddy 164-165
    Ron con mantequilla 244-245
biter de chocolate: Martini Espresso definitivo 224-245
biter de jengibre: Appletini 210-211
bíter de mandarina: Ponche desierto 156-157
bíter de naranja
    Gin-tonic perfecto 174-175
    Manhattan 50-51
    Martini con Earl Grey 78-79
    Ponche desierto 156-157
    Vodka naranja definitivo 142-143
biter de ruibarbo: Pink Vodka Lemonade 144-145
bíter Peychaud
    Old Fashioned Espresso 228-229
    Sazerac 68-69
bíteres 27
Bloody Mary definitivo 44-45
bourbon Buffalo Trace Kentucky 15
Bramble 216-217
Breakfast Margarita 108-109

café
    infusión al café 30-31
    Martini Espresso definitivo 224-225
    Old Fashioned Espresso 228-229
Campari
    Negroni 38-39
    Pink Gin Spritz 178-179
Cerezade 136-137
cerveza
    Largarita 204-205

    Ponche de cerveza y miel 150-151
    Thirsty Cowboy 160-161
cerveza de jengibre
    Dark and Stormy 48-49
    Moscow Mule 46-47
    Moscow Mule de piña 84-85
    Ponche de coco y ron 154-155
Chambord
    French Martini 238-239
    Russian Spring Punch 162-163
champán
    Rudolph 220-221
    Russian Spring Punch 162-163
    Té helado de Beverly Hills 86-87
Cherry French 75: 96-97
Chimayó 176-177
Chocolate mexicano 246-247
clara de huevo
    Ramos Gin Fizz con ruibarbo y rosa 80-81
    Rattlesnake 60-61
    Sour de ruibarbo 110-111
clavo de olor
    Iced Toddy 164-165
    Ron con mantequilla 244-245
Cointreau
    Frozen Cosmo 234-235
    Sherbet Snow 218-219
coñac: Sazerac 68-69
copas y vasos 20-23
Cosmopolitan 42-43
Cosmopolitan de frambuesa 94-95
crema de coco: Piña Colada 190-191
curasao de naranja: Mai Tai 194-195

Daiquiri clásico de fresa 192-193
Daiquiri de cereza y tomillo 196-197
Daiquiri de yuzu y jengibre 118-119
Dark and Stormy 48-49
Dirty Martini 54-55
Dubonnet: Reina Madre 124-125

El nuevo clásico Spritz 88-89

Fizz helado de sandía 182-183
fondo de bar 26-27
Four Pillars 13
French Martini 238-239
Frozen Cosmo 234-235

Gibson 62-63
Gimlet 104-105
Gin-tonic perfecto 174-175
ginebra 7-8, 13
    Beach House 200-201
    Bramble 216-217
    Cherry French 75: 96-97
    Collins de pomelo y estragón 102-103
    Dirty Martini 54-55
    Gibson 62-63
    Gimlet 104-105
    Gin Rickey 100-101
    Gin-tonic perfecto 174-175
    Limonada de pepino 170-171
    Martini con Earl Grey 78-79
    Martini con laurel y té verde 82-83

Negroni 38-39
Nice Pear 130-131
Pine Forest 214-215
Pink Gin Spritz 178-179
Ponche de cerveza y miel 150-151
Ponche Dickens 250-251
Ramos Gin Fizz con ruibarbo y rosa 80-81
Reina Madre 124-125
Rudolph 220-221
Smashed Cucumber 168-169
Snoop (Gin & Juice) 148-149
Sour de ruibarbo 110-111
Southside 128-129
Té helado de Beverly Hills 86-87
Té helado de Long Island 56-57
ginebra Conker Spirit Dorset 13
ginger-ale: Té helado de agave 138-139
granadina
    Piña Ombré 186-187
    Ponche de coco y ron 154-155
    Tequila Sunrise 72-73
    Whisky Grenadine 132-133
Grasshopper 226-227
grosella: Rudolph 220-221

Hard Cider 92-93
Hartshorn Distillery Sheep Whey 12
Havana Club 7: 11
helado: Bananas Foster 188-189
Hot Rum Toddy 248-249
Hudson Manhattan Rye 15

Iced Toddy 164-165

Juan Collins 134-135

Laphroaig 15
Largarita 204-205
leche de almendras
    Pine Forest 214-215
    White Russian de almendra 232-233
leche de coco: Piña Ombré 186-187
leche: Chocolate mexicano 246-247
Lick Drink Bite 230-231
licor de almendra: Cerezade 136-137
licor de cacao: Grasshopper 226-227
licor de café
    Martini Espresso definitivo 236-237
    White Russian de almendra 232-233
licor de casis: Chimayó 176-177
licor de frambuesa: Cosmopolitan de frambuesa 94-95
licor de jengibre: Spiced Ginger Negroni 76-77
licor de menta: Grasshopper 226-227
licor de mora: Bramble 216-217
licor de naranja
    Breakfast Margarita 108-109
    Largarita 204-205
    Sunburn 212-213
    Té helado de Long Island 56-57
licor de saúco
    El nuevo clásico Spritz 88-89
    Pink Rivera 120-121
    Rivera de pomelo 114-115
    Rudolph 220-221
licor triple seco
    Cosmopolitan 42-43
    Cosmopolitan de frambuesa 94-95
    Fizz helado de sandía 182-183
    Margarita helada de mango 206-207
    Sangre helada 112-113
    Sour de ruibarbo 110-111

Té helado de agave 138-139
Té helado de Beverly Hills 86-87
limón
    Bourbon Smash 202-203
    Limonada al grill 116-117
limonada
    Cerezade 136-137
    Limonada de pepino 170-171
    Pink Vodka Lemonade 144-145
Limonada al grill 116-117

Mai Tai 194-195
mango: Margarita helada de mango 206-207
Manhattan 50-51
Margarita helada de mango 206-207
Martini con Earl Grey 78-79
Martini con laurel y té verde 82-83
Martini Espresso 236-237
Martini Espresso definitivo 224-225
mermelada: Breakfast Margarita 108-109
mezcal
    Cerezade 136-137
    Chocolate mexicano 246-247
    Largarita 204-205
    mezcal Quiquiriqui 14
mezcal Quiquiriqui 14
mezcla agridulce 30
miel
    Hot Rum Toddy 248-249
    Iced Toddy 164-165
    Ponche de cerveza y miel 150-151
    Ponche Dickens 250-251
    Sherbet Snow 218-219
Mojito 40-41
mora: Bramble 216-217
Moscow Mule 46-47

naranja: Sangría party 152-3
nata
    Chocolate mexicano 246-247
    Grasshopper 226-227
    Ramos Gin Fizz con ruibarbo y rosa 80-81
Negroni 38-39
Nice Pear 130-131

Old Fashioned 52-53
Old Fashioned Espresso 228-229

Paloma 58-59
pepino
    Gin-tonic perfecto 174-175
    Limonada de pepino 170-171
    Martini Espresso definitivo 44-45
    Smashed Cucumber 168-169
pera: Ponche especiado de pera y jengibre 242-243
Pernod: Rattlesnake 60-61
Pine Forest 214-215
Pine Tip Soda 172-173
Pink Gin Spritz 178-179
Pink Paloma 140-141
Pink Rivera 120-121
Pink Vodka Lemonade 144-145
Piña Colada 190-191
Piña Ombré 186-187
Ponche desierto 156-157
Ponche Dickens 250-251
Ponche especiado de pera y jengibre 242-243
potencia 25
prosecco
    Cherry French 75: 96-97
    El nuevo clásico Spritz 88-89

253

Ramos Gin Fizz con ruibarbo y rosa 80-81
Rattlesnake 60-61
Reina Madre 124-125
ron 8, 11
    Bananas Foster 188-189
    Daiquiri clásico de fresa 192-193
    Daiquiri de cereza y tomillo 196-197
    Daiquiri de yuzu y jengibre 118-119
    Dark and Stormy 48-49
    Hard Cider 92-93
    Hot Rum Toddy 248-249
    Mai Tai 194-195
    Mojito 40-41
    Mojito con ruibarbo 90-91
    Pink Rivera 120-121
    Piña Colada 190-191
    Piña Ombré 186-187
    Ponche de coco y ron 154-155
    Ponche desierto 156-157
    Ponche especiado de pera y jengibre 242-243
    Ron con mantequilla 244-245
    Sangre de tigre 180-181
    Sangría Party 152-153
    Sherbet Snow 218-219
    Spiced Ginger Negroni 76-77
    Té helado de agave 138-139
    Té helado de Beverly Hills 86-87
    Té helado de Long Island 56-57
Ron con mantequilla 244-245
ron de demerara East London Liquor 11
ron especiado Dark Matter 11
Rudolph 220-221
ruibarbo
    Mojito con ruibarbo 90-91
    Ramos Gin Fizz con ruibarbo y rosa 80-81
    Sour de ruibarbo 110-111
Russian Spring Punch 162-163

sandía: Fizz helado de sandía 182-183
Sangre de tigre 180-181
Sangre helada 112-113
Sangría Party 152-153
Sazerac 68-69
Sea Breeze 66-67
Sex On The Beach 70-71
Sherbet Snow 218-219
sirope básico 27, 29
sirope de agave
    Fizz helado de sandía 182-183
    Juan Collins 134-135
    Limonada de pepino 170-171
    Margarita helada de mango 206-207
    Paloma 58-59
    Pink Paloma 140-141
    Russian Spring Punch 162-163
    Sangre helada 112-113
    Té helado de agave 138-139
    Vodka Collins 64-65
sirope de canela: Snoop (Gin & Juice) 148-149
sirope de jengibre
    Aperitivo americano 126-127
    Daiquiri de yuzu y jengibre 118-119
    Sour de granada 208-201
siropes
    sirope básico 27
    siropes de sabores 31
Smashed Cucumber 168-169
Snoop (Gin & Juice) 148-149
soda
    Gin Rickey 100-101
    Juan Collins 134-135

    Limonada al grill 116-117
    Limonada de pepino 170-171
    Mojito 40-41
    Mojito con ruibarbo 90-91
    Old Fashioned 52-53
    Pine Tip Soda 172-173
    Pink Paloma 140-141
    Ramos Gin Fizz con ruibarbo y rosa 80-81
    Smashed Cucumber 168-169
    Tangerine Dreams 158-159
    Vodka Collins 64-65
sorbete de coco: Piña Ombré 186-187
sorbete de limón: Sherbet Snow 218-219
Southside 128-129
Spiced Ginger Negroni 76-77
Sunburn 212-213

Tangerine Dreams 158-159
té
    Iced Toddy 164-165
    Martini con Earl Grey 78-79
    Martini con laurel y té verde 82-83
    Té helado de Beverly Hills 86-87
    Té helado de Long Island 56-57
Té helado de Beverly Hills 86-87
Té helado de Long Island 56-57
técnica 24-25
tequila 9, 14
    Breakfast Margarita 108-109
    Chimayó 176-177
    Fizz helado de sandía 182-183
    infusión al café 30-31
    Juan Collins 134-135
    Lick Drink Bite 230-231
    Margarita helada de mango 206-207
    Paloma 58-59
    Sangre helada 112-113
    Sunburn 212-213
    Tangerine Dreams 158-159
    Té helado de agave 138-139
    Té helado de Beverly Hills 86-87
    Té helado de Long Island 56-57
    Tequila Sunrise 72-73
tequila Casamigos Añejo 14
tequila Tapatío Blanco 14
Thirsty Cowboy 160-161

utensilios 17-19

vermut
    Dirty Martini 54-55
    Gibson 62-63
    Manhattan 50-51
    Martini de vodka 36-37
    Negroni 38-39
    Spiced Ginger Negroni 76-77
    Whisky Grenadine 132-133
vino
    Ponche Dickens 250-251
    Sangría Party 152-153
vino de jengibre: Ponche especiado de pera y jengibre 242-243
vodka 8, 12
    Appletini 210-211
    Bloody Mary definitivo 44-45
    Cosmopolitan 42-43
    Cosmopolitan de frambuesa 94-95
    El nuevo clásico Spritz 88-89
    French Martini 238-239
    Frozen Cosmo 234-235
    Grasshopper 226-227
    Limonada al grill 116-117

Martini con Earl Grey 78-79
Martini con laurel y té verde 82-83
Martini de vodka 36-37
Martini Espresso definitivo 224-225
Moscow Mule 46-47
Moscow Mule de piña 84-85
Pine Tip Soda 172-173
Pink Paloma 140-141
Pink Vodka Lemonade 144-145
Rivera de pomelo 114-115
Russian Spring Punch 162-163
Sea Breeze 66-67
Sex On The Beach 70-71
Sour de granada 208-209
Té helado de agave 138-139
Té helado de Beverly Hills 86-87
Té helado de Long Island 56-57
Vodka Collins 64-65
Vodka naranja definitivo 142-143
White Russian de almendra 232-233
Vodka naranja definitivo 142-143
vodka Tom of Finland 12

whisky 9, 15
Aperitivo americano 126-127
Bourbon Smash 202-203
Iced Toddy 164-165
Manhattan 50-51
Old Fashioned 52-53
Old Fashioned Espresso 228-229
Rattlesnake 60-61
Sazerac 68-69
Thirsty Cowboy 160-161
Whisky Grenadine 132-133
Whisky Sour 106-107

Zubrowka 12
zumo de arándano rojo
Cosmopolitan 42-43
Frozen Cosmo 234-235
Pink Vodka Lemonade 144-145
Sea Breeze 66-67
Sex On The Beach 70-71
Snoop (Gin & Juice) 148-149
Sunburn 212-213
zumo de cereza: Cerezade 136-137
zumo de cítricos: mezcla agridulce 30
zumo de clementina: Daiquiri de yuzu y jengibre 118-119
zumo de granada
Sangre de tigre 180-181
Sour de granada 208-209
zumo de lima
Beach House 200-201
Breakfast Margarita 108-109
Daiquiri clásico de fresa 192-193
Daiquiri de cereza y tomillo 196-197
Daiquiri de yuzu y jengibre 118-119
Dark and Stormy 48-49
Fizz helado de sandía 182-183
Frozen Cosmo 234-235
Gimlet 104-105
Gin Rickey 100-101
Gin-tonic perfecto 174-175
Largarita 204-205
Mai Tai 194-195
Margarita helada de mango 206-207
Moscow Mule 46-47
Moscow Mule de piña 84-85
Paloma 58-59
Pink Paloma 140-141
Ponche especiado de pera y jengibre 242-243

Ramos Gin Fizz con ruibarbo y rosa 80-81
Rattlesnake 60-61
Sangre de tigre 180-181
Sangre helada 112-113
Sangría Party 152-153
Sea Breeze 66-67
Sherbet Snow 218-219
Smashed Cucumber 168-169
Snoop (Gin & Juice) 148-149
Sour de granada 208-201
Southside 128-129
Té helado de agave 138-139
zumo de limón
Appletini 210-211
Bramble 216-217
Cherry French 75: 96-97
Chimayó 176-177
Hard Cider 92-93
Hot Rum Toddy 248-249
Iced Toddy 164-165
Juan Collins 134-135
Limonada de pepino 170-171
Martini con laurel y té verde 82-83
Pine Tip Soda 172-173
Pink Vodka Lemonade 144-145
Ponche de cerveza y miel 150-151
Ponche desierto 156-157
Ramos Gin Fizz con ruibarbo y rosa 80-81
Rattlesnake 60-61
Russian Spring Punch 162-163
Sour de ruibarbo 110-111
Té helado de Long Island 56-57
Thirsty Cowboy 160-161
Vodka Collins 64-65
Whisky Sour 106-107
zumo de manzana
Appletini 210-211
Chimayó 176-177
Hard Cider 92-93
Ponche especiado de pera y jengibre 242-243
zumo de naranja
Iced Toddy 164-165
Ponche de coco y ron 154-155
Ponche desierto 156-157
Sangre helada 112-113
Sex On The Beach 70-71
Snoop (Gin & Juice) 148-149
Sunburn 212-213
Tequila Sunrise 72-73
Vodka naranja definitivo 142-143
zumo de pera: Nice Pear 130-131
zumo de piña
French Martini 238-239
Moscow Mule de piña 84-85
Piña Colada 190-191
Ponche de coco y ron 154-155
Sangría Party 152-153
Snoop (Gin & Juice) 148-149
zumo de pomelo
Collins de pomelo y estragón 102-103
El nuevo clásico Spritz 88-89
Paloma 58-59
Pink Gin Spritz 178-179
Pink Paloma 140-141
Pink Rivera 120-121
Rivera de pomelo 114-115
Whisky Grenadine 132-133
zumo de tomate: Bloody Mary definitivo 44-45

ACERCA DE DAN JONES

Dan Jones vive en Londres y se dedica a escribir sobre coctelería, estilo, imagen y transgresión cultural. Se define como un bebedor entusiasta y es autor de otros títulos sobre bebidas, como *Manual de coctelería* (Cinco Tintas, 2017), *Gin: mezclar, agitar, remover* (Cinco Tintas, 2018), *Ron: mezclar, agitar, remover* (Cinco Tintas, 2018), *Tequila: mezclar, agitar, remover* (Cinco Tintas, 2019) y *Vodka: mezclar, agitar, remover* (Cinco Tintas, 2020), y disfruta preparando cócteles en casa. Su combinado preferido es el Dirty Martini, muy, muy *dirty*.